Verflucht und geliebt

Dieses Buch beruht ausschließlich auf wahren
Begebenheiten und ist nicht als Wegbeschreibung gedacht.
Zum Schutz der Persönlichkeitsrechte
wurden einige Namen geändert. Alle Fotos
einschließlich Titelfoto sind privat.

KATHRIN RENNER

Verflucht und geliebt

– Die Cévennen –

Die Reise geht weiter!

Als Pilger unterwegs auf den Spuren von Robert Louis Stevenson

Bibliographische Information der Deutschen Nationalbibliothek

Die deutsche Nationalbibliothek verzeichnet diese Publikation
In der Deutschen Nationalbiographie; detaillierte bibliographische Daten sind im
Internet über
http://dnb.ddb.de abrufbar

Umschlagfoto:
Blick vom Plateau des Cham de l'Emmet auf le Pont-de Montvert

Twentysix – der Self-Publishing-Verlag
Eine Kooperation zwischen der Verlagsgruppe Random House und
BoD – Books on Demand

www.kathrinrenner.de
Herstellung und Verlag:
BoD – Books on Demand, Norderstedt
ISBN: 978-3-7407-5168-5

Inhalt

Unser Wegeverlauf

Im Angedenken an den
berühmten schottischen Schriftsteller
Robert Louis Stevenson
(1850 – 1894)

Wie alles begann …

Jens und Kathrin sind jenseits der vierzig und stehen mitten im Leben, als sie ihre Liebe zum Pilgern entdecken. Angefangen mit einem Probepilgertag in ihrer Heimat Thüringen sind sie schnell vom »Pilgervirus« befallen. Sie laufen durch Süddeutschland, die Schweiz und erreichen schließlich die bezaubernde Pilgerhochburg Le Puy en Velay in Südfrankreich. Ihre Reisen sind geprägt von chaotischen sowie lustigen Begebenheiten. Fußprobleme, Verlaufen und das »an die eigenen Grenzen stoßen« gehören zum Pilgeralltag. Sie werden gelassener mit der Zeit und können auch meist über sich selbst lachen.

Der Tag ist gekommen, an dem die Reise weiter geht.

Vorwort

September 1878 ...

Der schottische Schriftsteller Robert Louis Stevenson, bekannt durch »Die Schatzinsel«, durchquerte im Jahre 1878 gemeinsam mit seiner Eselin Modestine in zwölf Tagen die Cévennen, ein gewaltiges Gebirge in Südfrankreich. Gemeinsam starteten sie am 22.September in Le Monastier-sur-Gazeille und erreichten am 3.Oktober Saint-Jean-du-Gard. Seine Gedanken und Erlebnisse hielt er während seiner Reise schriftlich fest, woraufhin ein Jahr später sein Buch mit dem Titel *»Reise mit dem Esel durch die Cévennen«* erschien.

September 2015 ...

Genau ein Jahr zuvor kamen wir in der wunderschönen Stadt und Pilgerhochburg Le Puy en Velay an. Die Zeit verging recht schnell und lange noch zehrten wir von den Erlebnissen der letzten Pilgerreise. Mit aller Gewalt zog eine unbekannte Macht uns immer wieder zurück auf den Weg.

Beeindruckt von Stevensons liebevoll verfasstem Reisebericht, wollten auch wir den Zauber der Cévennen nachempfinden und machten uns auf, das wilde und schöne Gebirge mitten im Zentralmassiv zu erkunden. Das hieß, auf stillen Pfaden zu wandern, vielfältigste, faszinierende Landschaftsstriche zu durchqueren und den höchsten Berg der Cévennen zu besteigen. Wir würden eintauchen in eine geschichtsträchtige Vergangenheit.

Was für eine Reise!

Robert-Louis-Stevenson schrieb:

Die Reise, welche dieses Buch beschreiben soll, war sehr angenehm und erfolgreich für mich. Nach einem etwas tölpelhaften Anfang hatte ich bis zum Schluss eine Menge Glück. Aber wir sind alle Wanderer in der Wildnis dieser Welt – ja auch alle Wanderer mit einem Esel, und das Beste, was wir auf unseren Reisen finden können, ist ein wahrer Freund.

Anreise

Der Kopf des Mannes neben mir bewegte sich bedrohlich in meine Richtung. Seine Augen waren geschlossen, das schüttere Haar hing ihm in die Stirn und aus dem halb geöffneten Mund drangen rhythmisch rasselnde Geräusche. Links von mir saß Jens, auf dessen Gesicht ich ein verhaltenes Grinsen entdecken konnte.

Unsere erste Fernbusfahrt verlief nicht ganz nach unseren Vorstellungen. Der Bus war fast voll und wir saßen auf den Mittelplätzen der letzten Reihe, während einzelne Personen hingegen zwei Sitze für sich alleine vereinnahmt hatten.

Nach drei Stunden Fahrt erreichten wir Frankfurt am Main. Ein großer Teil der Fahrgäste stieg aus und wir beide, wie auch einige andere, nahmen frei gewordene Plätze im vorderen Bereich des Busses ein.

»Endlich!«, sagte ich. »Nun kommen wir auch mal bisschen zur Ruhe.«

Jens sah sich in alle Richtungen um. »Hier riecht's irgendwie komisch!«, stellte er fest.

Der säuerliche Geruch wurde allmählich schwächer, dafür aber zog sich am Boden zwischen unseren Füßen die Lache einer milchigen, undefinierbaren Flüssigkeit unter den Sitzen hindurch. Das war ja eklig! Wo kam denn das her? Etwa aus der ersten Reihe von der Frau, die sich ständig die Lippen nachzog? Oder von dem Dauerhuster vor uns?

Nun gut, dann war es halt so! Nicht zu ändern!

Alles ignorierend, bereiteten auch wir uns auf die Nachtruhe vor, denn erst am Morgen des nächsten Tages würden wir Lyon erreichen. Die winzig kleine Toilette war dauerbesetzt und so nach und nach wurden die

Lampen über den Sitzen gelöscht. Ruhe kehrte ein, untermalt von leisem Geflüster und Schnarchgeräuschen. Es war schon fast dreiundzwanzig Uhr, als schräg hinter unseren Plätzen noch immer eine Lampe brannte, deren greller Schein unsere Köpfe beleuchtete. Wir drehten uns zeitgleich um und starrten in das Gesicht eines Mannes, der seelenruhig in seinem Buch las. Sekundenlang! Nichts geschah.

»Entschuldigung ...«, sagte ich, eine Reaktion erhoffend. Nichts tat sich! Etwas lauter wiederholte ich: «Entschuldigung!!!«

War er taub? »Entschuldigung junger Mann!!! Ihre Lampe blendet, wir würden gerne schlafen.«

Ohne sich stören zu lassen, starrte der Mann unbeirrt in sein Buch. Am liebsten hätte ich ihn kräftig gerüttelt.

Mehrmals noch während dieser Nacht hielt der Bus zum Ein- und Aussteigen an. Und jedes Mal wurden wir aus unruhigem Schlaf gerissen.

Samstag früh sieben Uhr erreichten wir Lyon. Der riesige Bahnhof war trotz seiner Größe recht übersichtlich. Da wir nach etlichen Versuchen partout mit dem Ticketautomaten nicht zurechtkamen, begaben wir uns zum Fahrkartenschalter, wo ein netter Mitarbeiter uns sehr zuvorkommend bediente und geduldig alles erklärte. An einem Imbiss erstanden wir Kaffee, zogen uns in eine Wartenische zurück und verspeisten genüsslich die breitgedrückten Quarktaschen vom Vortag.

Mit dem Zug fuhren wir bis Firminy und von dort aus nach Le Puy en Velay. Nur noch ein paar Minuten, bis wir unser Ziel erreicht haben würden. Wir waren ganz aufgeregt und freuten uns unheimlich auf diese Stadt, in die wir uns bereits ein Jahr zuvor auf Anhieb verliebt hatten.

Kurz vor Mittag kamen wir an. Überglücklich verließen wir den Zug und gingen in die Richtung des Hotels *Saint-Jaques,* in welchem wir damals auch übernachtet hatten. Leider war kein Zimmer frei, doch die Inhaberin war sehr freundlich und vermittelte uns an das Nachbarhotel *Dyke.* Dort fragte die Dame als Erstes, ob wir Internet benötigen. Übereifrig antwortete ich: »Merci, je ne cherche pas ...«, was bei ihr einen verwirrten Gesichtsausdruck hervorrief.

»Das geht ja gut los!«, sagte Jens grinsend zu mir. »Du hast ihr gerade gesagt, dass du nicht suchst.«

Oh, ich hatte in meinem Eifer die Vokabeln verwechselt.

Wir betraten das Zimmer, legten unser Gepäck ab und verließen das Hotel, um von Neuem Le Puy en Velay, diese großartige Stadt, zu erobern.

Mit Wörterbüchern bewaffnet, betraten wir die Touristinformation am *Place du Clauzel*, um die ersten beiden Übernachtungen auf dem Weg zu organisieren. Unsere Französischkenntnisse waren zwar nicht so ergiebig, wie sich herausstellte, doch verließen wir eine halbe Stunde später fröhlich und erfolgreich das *Office du Tourisme*. Es war schon spät, als wir ins Hotel zurückkehrten und unsere Ankunft mit einer Flasche Sommelier feierten, wie bereits ein Jahr zuvor.

1. Tag – Ruhetag in Le Puy en Velay

Natürlich hatten wir uns noch keinen Ruhetag verdient, wollten aber diese Stadt nicht verlassen, ohne noch einmal alles gesehen zu haben, denn wer weiß, wann wir das nächste Mal hier sein durften.

Wir gingen schmale, krumme Gässchen entlang, passierten mehrere Plätze und standen abermals bewundernd vor dem Basaltfelsen mit der kleinen Kapelle *Chapelle Saint-Michel-d'Aiguilhe* ganz oben auf der Spitze. Andächtig durchschritten wir die Kathedrale, um schließlich erschöpft auf deren Treppenstufen au szuruhen. Wir erfreuten uns an Bekanntem und entdeckten Neues.

Auch wollten wir endlich mal die für Le Puy berühmten, grünen Linsen probieren und kehrten in ein Restaurant ein, auf dessen Terasse wir den letzten freien Tisch ergatterten. Während wir auf das Essen warteten, beobachteten wir das bunte Treiben. Viele Menschen zogen durch die Straßen, die Cafés waren voll besetzt und vor einigen Geschäften saßen wieder die Spitzenklöppler, die beschaulich und konzentriert ihrer Arbeit nachgingen.

Wir bekamen eine Art Linsensalat mit Baguette serviert und waren etwas enttäuscht, dass es kein warmes Gericht war. Selbst schuld irgendwie, denn wir konnten im Vorfeld die Angebote der Speisekarte nicht richtig übersetzen. Letztendlich hatte es trotzdem geschmeckt und gesättigt kehrten wir in die Kathedrale zurück, um feierlich einen Zettel in das dafür vorgesehene kleine Kästchen zu werfen. Dies ist für Pilger gedacht, welche sich von Le Puy aus auf den Weg machen. Sie schreiben ihre Wünsche und Bitten nieder, in der Hoffnung, dass diese sich erfüllen.

Als Abschluss liefen wir ein paar Kilometer aus der Stadt hinaus, um den Weg für den nächsten Tag ausfindig zu machen. Wir waren im Pilgerfieber und wollten endlich los.

2. Tag Le Puy en Velay – Le Monastier sur Gazeille 19 km (20)

Das Frühstück im *Dyke* war reichhaltig und der Wirt, mit dem wir in französischem Kauderwelsch herumalberten, sehr lustig. Nachdem dieser uns mit allen guten Wünschen für den Weg verabschiedet hatte, verließen wir bei herrlichstem Sonnenschein das Hotel und Le Puy en Velay.

Ein letzter Blick zurück ...

Adieu Du zauberhafte, einzigartige Stadt!

Es ging stetig bergauf und schon bald versperrte ein Schild den Weg. Darauf stand »Route Barree«, was bedeutete, dass der Wanderweg unbegehbar war. Das fing ja gut an!

Jedoch war die Ersatzroute ordentlich ausgeschildert, wir verliefen uns nicht und kamen zügig voran. Uns begegneten sehr viele Menschen, die scheinbar auf Tageswanderungen unterwegs waren oder einfach nur spazieren gingen. Wir waren beide voller Energie, Tatendrang und Vorfreude auf alles Neue und wir ahnten nicht, was uns noch so erwarten würde.

Der *Stevensonweg*, auch genannt GR 70, führt quer durch die Cévennen, eine Gebirgsregion in Südfrankreich und ist in dem Sinne kein Pilgerweg.

Fast richtungsgleich verläuft der historische *Régordaneweg* von Le Puy en Velay bis Saint-Gilles-du-Gard. Er verbindet die Pilgerrouten *Via Podiensis* und *Via Tolosana* und wurde 2007 als Weitwanderweg GR 700 eröffnet.

Beide Wege kreuzen sich einige Male, was wir zum Anlass nahmen, ab und an den Stevensonweg zu verlassen, um ein Stück den Régordaneweg entlangzulaufen. Auf diese Art und Weise konnten wir hin und wieder ein paar Kilometer einsparen und würden es hoffentlich schaffen, rechtzeitig Arles zu erreichen. Denn wir hatten inklusive An- und Abreise drei Wochen zur Verfügung und der Fernbus von Marseille in Richtung Heimat war bereits gebucht.

Stetig ging es bergauf und wir konnten uns nicht satt sehen an der wunderbaren Landschaft. Bereits am Vormittag war es so heiß, dass unsere Trinkvorräte recht bald aufgebraucht waren. Nach etwa zwei Stunden stiegen wir hinab in das Dorf Coubon, an dessen Ortseingang eine Trinkwasserstelle existieren sollte. Und tatsächlich war es so!

Übermütig bespritzten wir uns gegenseitig, schlürften das Wasser aus den Händen und befüllten unsere Flaschen. Dabei merkten wir gar nicht, dass hinter uns jemand stand.

Le Puy en Velay

Beschwingt unterwegs

Ein kleiner Mann mittleren Alters mit verkniffenem Gesichtsausdruck schien uns schon längere Zeit zu beobachten und räusperte sich wiederholt. Was er vor sich hin murmelte, verstanden wir nicht, jedoch in Bezug auf die gerunzelte Stirn war es wohl auch besser so.

Wir überschritten die Loire, querten den Ort und kamen leichtfüßig voran. Auf einer riesigen Wiese mit weitem Blick ins Tal hinunter legten wir schließlich eine Pause ein. Wir saßen auf unseren Isomatten, rissen Schuhe und Strümpfe von den Füßen und sahen, überwältigt von der Landschaft, verträumt in die Ferne. Um uns herum blühten unzählige Herbstzeitlose, deren zartes Lila sich vom kräftigen Grün der Wiese deutlich abhob. Wir ließen uns das frisch gezapfte, noch herrlich kühle Wasser munden, verspeisten einen Teil der Vorräte und erlagen dem stillen Zauber des Augenblickes.

Am frühen Nachmittag erreichten wir Le Monastier-sur-Gazeille. Gleich am Ortseingang links fanden wir einen Supermarkt, die einzige Einkaufsmöglichkeit dieses Tages. In der Mitte des Ortes auf der *Place de la Poste,* also dem Postplatz, steht ein Gedenkstein zu Ehren von Robert Louis Stevenson, der hier einst seine Reise in die Cévennen begann. Ein bedeutender Ausgangspunkt, der jedoch leider recht unscheinbar und somit leicht zu übersehen war.

Die Gemeinde Le Monastier-sur-Gazeille befindet sich in Südfrankreich an der *Gazeille,* einem Nebenfluss der *Loire.*
Hier verbrachte im Jahre 1878 der Schriftsteller Robert Louis Stevenson einige Wochen, bevor er am 22. September unter den ungläubigen Blicken der Einheimischen zu seiner Reise durch die Cévennen aufbrach. Seinem Vorhaben begegnete man mit viel Unverständnis, da Wandern als Freizeitbeschäftigung damals wenig verbreitet, ja teils sogar verpönt war.

Der Campingplatz, etwas außerhalb des Ortes liegend, wirkte sehr weitläufig. Die wenigen Zelte auf dem riesigen Areal wiesen darauf hin, dass die Hauptsaison fast schon vorbei war. Da der Stevensonweg recht einsam sein sollte und die Unterkünfte rar waren, hatten wir beschlossen, ein Zelt mitzunehmen.

Schon während des Aufbauens hüpfte ein kleiner Vogel unruhig und laut schimpfend von Ast zu Ast und beobachtete aufgeregt unsere Aktivitäten. Als wir dann warm angezogen beim Abendbrot saßen, raschelte es in der Hecke hinter uns und in kurzen Abständen ertönte ein kräftiges »tick-tick-tick«, was sich ständig wiederholte. Erst als wir unser Brot mit ihm teilten, saß das kleine Rotkehlchen zufrieden etwa nur einen Meter entfernt im Gras und wirkte ganz und gar nicht mehr so scheu. Schon bald brach die Dämmerung herein und wir zogen uns in das Zelt zurück.

3. Tag Le Monastier sur Gazeille – Landos 23 km

Die Nacht war unerwartet kalt, die Schlafsäcke viel zu dünn und wir total durchgefroren. Immer wieder wurden wir wach und zogen so nach und nach alle Kleidungsstücke an, die wir mit uns führten. Doch trotz Müdigkeit und Kälte waren wir voller Erwartungen und Vorfreude.

Die Rezeption des Campingplatzes war mit einer Art Gaststätte ausgestattet, in der wir uns bei heißem Kaffee aufwärmen konnten. Und wir kamen aus dem Staunen nicht heraus.

»Wo kommen die bloß alle auf einmal her?«

» ... und ich dachte, wir wären ganz alleine unterwegs!«, staunte auch Jens.

So an die zwanzig Wanderer traten grüppchenweise durch die Tür. Einzelne hatten Jakobsmuscheln an ihren Rucksäcken hängen, wogegen die meisten nur kleine Tagesrucksäcke mit sich führten. Ein Raunen und Gemurmel erfüllte den Raum, begleitet von dem Klappern des Geschirrs. Es schienen alles Franzosen zu sein.

Doch schon bald lichtete sich der Raum wieder und eine regelrechte Karawane setzte sich in Bewegung. Irgendwie ein lustiger Anblick.

Wir verließen den Ort über eine kleine steinerne Brücke. Von Anfang an ging es auf gerölligen Pfaden steil bergauf. Die für Frankreich charakteristischen, steinübersäten Wege hatten wir ja schon ein Jahr zuvor auf der *Via Gebenensis* kennengelernt und unzählige Male verflucht. Im Gänsemarsch schraubten wir uns gemeinschaftlich mit all den anderen laufwütigen Rucksackträgern die Berge empor. Immer wieder blickten wir beeindruckt auf die bezaubernde Landschaft und so benötigten wir beide mal wieder etwas mehr Zeit zum Schauen, Staunen und Fotografieren.

Richtig ernst wurde es erst beim Abstieg von Saint-Martin-de-Fugères nach Goudet.

»Hier komme ich niemals runter, guck nur wie ich rutsche!«, protestierte ich und beförderte übertrieben kleine Steinlawinen mit dem rechten Fuß den Berg herab, um zu demonstrieren, was für eine Katastrophe das doch sei.

Tatsächlich war der schmale, unebene Pfad sehr steil, voller Steine und führte etwa zweihundert Meter in die Tiefe. Und wieder einmal erbarmte sich Jens, wuchtete meinen Rucksack über seine rechte Schulter und stieg festen Schrittes bergab.

Menschen zogen an mir vorüber, ältere Herrschaften mit klappernden Trekkingstöcken und winzigen Rucksäcken sprangen leichtfüßig von Stein zu Stein und irgendwann bildete ich das Schlusslicht. »Na und …«, dachte ich bei mir und sah ihnen trotzig hinterher.

Nach etwa eineinhalb Stunden war auch ich unten angelangt und gemeinsam mit Jens und meinem Rucksack auf dem Rücken ging es weiter und schon wieder bergauf in Richtung Ussel.

Dort angekommen, bemerkte Jens: »Hier muss es irgendwo einen Trinkwasserbrunnen geben.«, und sah sich aufmerksam um.

»Da vorn stehen Leute mit Flaschen, das könnte die Stelle sein.«

Und wirklich scharten sich einige Wanderer um ein hydrantenähnliches Teil, aus welchem nach Betätigen einer Pumpe Trinkwasser floss. Auch wir, schon leicht dehydriert, konnten von dem klaren, eiskalten Nass nicht genug bekommen. Rundum erfrischt und mit gefüllten Flaschen gingen wir auf die gegenüberliegende Straßenseite, wo sich eine Bushaltestelle befand. Dort wollten wir uns eine längere Pause gönnen. Neben der Sitzgruppe legten wir unser Gepäck ab, packten den Proviant auf den schmalen, hölzernen Tisch und waren froh darüber, dass im Moment alles in Ordnung zu sein schien.

»Unser Zelt!«

Jens sprang auf und nestelte sogleich an seinem Rucksack herum. Natürlich. Aufgrund der nächtlichen Temperaturen war das Zelt von innen feucht geworden und wir mussten es am Morgen, so wie es war, zusammenpacken. Krampfhaft versuchte Jens nun, dieses an den beiden vorstehenden Metallpfosten des Bushäuschens aufzuhängen, was nicht sofort gelang.

»Das ist schon schildbürgerhaft was wir hier tun.«, murmelte ich, während im nächsten Moment, einer stummen Bestätigung gleich, ein kräftiger Windstoß die riesige Zeltplane mitten auf die Straße beförderte. Da dies allein ja schon auffällig genug war, kamen zu allem Überfluss auch noch ein paar Wanderer herangelaufen, die uns mit großem Hallo begrüßten und mindestens genauso verdutzt wie auch interessiert dreinschauten.

Esel zum Ausleihen

Pilgerkarawane

Zum wiederholten Male versuchten wir nun, unser Zelt irgendwo aufzuhängen.

»Bestimmt denken die jetzt, wir wollen hier zelten …«, bemerkte ich.

»Die werden uns für verrückt halten!«

»Wie peinlich!!«, stieß ich hervor, als die nächsten des Weges kamen, stehenblieben und neugierig zu uns herübersahen. Während wir in diesem Moment die Zeltplane auf einem Stück Rasen in der Sonne ausbreiteten, sah ich verbissen zur Seite, als ob ich mich dadurch unsichtbar machen könnte.

Ausgeruht, satt und mit trockenem Zelt setzten wir unseren Weg fort von Ussel bis kurz vor Bargettes. Hier verließen wir den GR 70, um auf einem Fahrweg weiterzulaufen. Bei Amargiers würden wir dann wieder auf den Régordaneweg zu stoßen. Ein Wanderer kam uns entgegen. Er schien etwas älter als wir zu sein, trug einen ziemlich großen Rucksack und wirkte recht sympathisch. Es kam ein nettes Gespräch zustande, bei dem wir erfuhren, das Arthur aus Valence stammte und auch auf dem Stevensonweg unterwegs war.

»Au revoir und bald sehen …«, sagte er in französisch-deutschem Kauderwelsch beim Abschied.

Einzelne Wolkenansammlungen schmückten einen strahlend blauen Himmel und trotz vorgerückter Stunde war es noch immer unheimlich heiß. Es war ein anstrengender Tag gewesen, wir hatten kein Wasser mehr und erleichtert schritten wir über eine kleine steinerne Brücke nach Landos.

Die Gemeinde Landos befindet sich am Rande des Zentralmassivs direkt auf dem Stevensonweg und gehört dem Département *Haute-Loire* an. Der Ort besitzt nicht einmal tausend Einwohner.

Nachdem wir einen kleinen Laden gefunden und eingekauft hatten, machten wir uns auf die Suche nach der kommunalen Gîte, die wir letztendlich versteckt am Rande des Ortes fanden. Gîte bedeutet Pilger- oder auch Wanderherberge.

Es war keiner da! Nach der dritten Runde, die wir um das komplette Gebäude liefen, entdeckten wir an der geschlossenen Glastür einen Zettel mit einer Telefonnummer. Jens wählte die Nummer und sprach schließlich ein paar französische Vokabeln beschwörend in sein Handy. Es funktionierte! Eine Dame erschien wenige Minuten später, wies uns ein und verschwand wieder.

Wir teilten uns ein Vierbettzimmer mit Arthur. Da unser französischer Wortschatz für eine längere Unterhaltung nicht ausreichte, wurde überwiegend englisch gesprochen. Das verstand ich auch nicht!
Interessiert verfolgte ich das heitere Gespräch, erkannte hier und da ein paar Wortfetzen wieder und lächelte dabei wissend. Dennoch fühlte ich mich pudelwohl, Jens übersetzte für mich und Arthur war ein sehr angenehmer Zeitgenosse. Als er aufbrach, um im Ort ein Restaurant zu suchen, setzten wir uns an den runden, mit einer bunten Decke versehenen Tisch und verzehrten unser Mitgebrachtes. Es tat gut, endlich zur Ruhe zu kommen und wir verspürten keine Ambition, noch irgendwo hinzugehen an diesem Abend. Das Zimmer war praktisch eingerichtet und die kleine Küchenzeile komplett mit allem Notwendigen versehen. Angefangen vom Besteck bis hin zu Toaster und Kühlschrank, war alles vorhanden. Wir ließen den Tag Revue passieren und freuten uns bereits auf den nächsten. Gemeinsam mit Arthur, der relativ zeitig zurückkehrte, tranken wir noch einen Rotwein, um kurz darauf in unseren viel zu weichen Betten zu versinken.

4. Tag Landos – Brugeyrolles 22 km

Gegen sechs Uhr dreißig standen wir auf und schlichen abwechselnd leise ins Bad, um Arthur nicht zu wecken. Als er dann begann, in seinem Rucksack zu kramen, boten wir ihm einen Kaffee an und kamen dabei noch etwas ins Gespräch. Die Zeit verging schnell und die goldenen Strahlen der Sonne brachen durch die Fenster, um zum Aufbruch zu mahnen. Wir verabredeten uns nicht, denn ganz sicher würden wir uns sowieso wiedertreffen.

Während Arthur in den Ort ging, um zu frühstücken, waren wir bereits auf dem Weg. Und auch an diesem Tag schossen die Temperaturen gnadenlos in die Höhe. Es ging permanent bergauf, bergab und dennoch war es ein schöner Weg in einer bezaubernden Gegend. Bald würden wir nach Arquejol kommen, einem Ort, in dessen Umgebung es viele verwilderte Hunde geben sollte.

Auf einer weiten Grünfläche in Nähe der ersten Häuser entdeckten wir eine Sitzgruppe. Dort pausierten wir kurz und erstarrten förmlich vor Schreck, als tatsächlich auf einmal drei mittelgroße Schäferhunde sich in unsere Richtung bewegten. Fast zeitgleich fingerten wir beunruhigt nach unseren Pilgerstöcken. Doch scheinbar waren wir nicht interessant genug, denn uns ignorierend, trabten die Tiere gemütlich weiter, um sich im Schatten eines entfernten Baumes niederzulassen.

Als wir weiter gingen, entdeckten wir rechterhand der Straße einen kleinen Imbiss. Daneben stand eine große Tafel, deren Überschrift sofort ins Auge sprang. *»Das Biest von Gévaudan«*

Bei dieser Bestie handelt es sich um ein undefinierbares, unheimliches Lebewesen, welches Überlieferungen nach in den Jahren von 1764–1767 in dieser Gegend existierte und viele Menschen, vorzugsweise Frauen und Kinder, auf grausame Weise tötete. Dieses Rätsel wurde niemals vollständig gelöst, doch basiert die Geschichte auf wahren Begebenheiten. Auch wenn heute in dieser Gegend niemand mehr Angst haben muss vor dem *Biest vom Gévaudan*, strahlt sie doch noch immer etwas Mystisches und Geheimnisvolles aus.

Gleich hinter Arquejol querte der Weg ein altes Eisenbahnviadukt und führte stetig bergauf. Wir begegneten keinem Menschen, eine wohltuende Stille breitete sich aus und nur ein paar Schmetterlinge begleiteten uns. Derartige Exemplare hatten wir zuvor noch nie gesehen, sie waren recht klein und ihre zarten Flügel schimmerten veilchenblau. Ab und zu setzte sich eines dieser zierlichen Wegbegleiter in großem Abstand vor uns nieder, um wieder davon zu flattern, sobald wir näherkamen. Das wiederholte sich eine ganze Weile und es hatte den Anschein, als ob sie uns den Weg weisen wollten. Unbarmherzig brannte die Sonne, die Luft klirrte vor Hitze und die Weite um uns herum übermittelte einen Hauch von *Meseta*.

Meseta bedeutet im Allgemeinen Hochebene.
Auch ein Teilstück des Jakobsweges in Nordspanien zwischen Burgos und León wird so bezeichnet. Es handelt sich um eine karge, baumlose und steppenähnliche Landschaft, die zu queren während der Sommermonate eine große Herausforderung ist, aber andererseits auch ein einmaliges spirituelles Pilgererlebnis.

Um zu trinken, hielten wir am Wegesrand an und sahen aus der Ferne eine Person näherkommen. Arthur hatte, wie wir, mit den Temperaturen zu kämpfen und zog nach einem kurzen Wortwechsel eilig weiter.
In Pradelles sollte es Einkaufsmöglichkeiten geben, welche wir vor Ladenschließung unbedingt noch erreichen wollten.
»Es ist schon fast um zwölf und Pradelles noch nicht zu sehen.«, sagte ich resigniert zu Jens, der soeben den Pilgerführer hervorholte, um zu schauen, wie weit es denn noch sein würde.

»So schaffen wir das nicht. Und wir brauchen unbedingt etwas Proviant für Mittag. Es ist die letzte Einkaufsmöglichkeit vor Langogne …«

»Ich muss vorauslaufen …«, stellte Jens fest» …alleine bin ich schneller. Denkst du, dass du denn Weg findest, wenn ich dir das Buch hierlasse?«

»Bestimmt …«, erwiderte ich halbherzig.

Und tatsächlich war es so, dass Jens mit seinen langen Schritten zügiger vorankam als ich und wieder einmal bestimmten die Ladenöffnungszeiten den Verlauf eines Tages. Da wir uns in einer recht einsamen Gegend befanden, gab es auch dementsprechend wenige Läden in den meist kleinen und vereinzelten Ortschaften.

Selbstsicher und leise vor mich hin singend, schritt ich voran auf dem einzig möglichen Weg. Ich verbot mir den Gedanken, dass ich mittlerweile mutterseelenallein hier unterwegs war und nur auf mich selbst angewiesen. Voller Achtung für die vielen Menschen, die sich stetig allein auf den Weg machen, war ich froh, dass dies hier nur eine Ausnahme war. So etwas wie damals bei Epalinges, als wir beide uns verloren hatten, sollte hoffentlich nie mehr passieren.

Der Weg war übersät mit Steinen und winzigen undefinierbaren Splittern, die in der Sonne funkelten und meine Blicke magisch anzogen. Einen Moment blieb ich stehen und ließ diesen Anblick auf mich wirken. Meine Befürchtung, ich hätte vielleicht einen Abzweig übersehen, zerschlug sich, als die ersten Häuser von Pradelles in mein Blickfeld gerieten. Schnell fand ich Jens, der mich schon mit einer Riesen-Cola und etwas Gebäck, auf einem Straßengeländer sitzend, erwartete. Wir stiegen zum Kalvarienberg empor und nahmen Platz auf einer der Bänke, von wo aus wir einen herrlichen Blick über den Ort und in die Ferne hatten.

Die französische Gemeinde Pradelles befindet sich im Département *Haute-Loire* und wurde erstmals im Jahre 1177 urkundlich erwähnt als *Castrum Pratellae*, was bedeutet *Burg auf den hoch gelegenen Wiesen.* Im Jahre

1977 wurde es als eines der schönsten Dörfer Frankreichs ausgezeichnet. Etwa 580 Einwohner sind derzeitig hier zu Hause.

Ein kleines, grau getigertes Kätzchen, welches uns beim Essen Gesellschaft leistete, wich nicht mehr von unserer Seite. Um unbemerkt weitergehen zu können, füllten wir ein Plastikschälchen mit reichlich Trinkwasser, welches es gierig hineinschlabberte. Heimlich entfernten wir uns.

Die sechs Kilometer bis Langogne zogen sich unendlich. Es ging bergab und die zahllosen Steine des Weges drückten permanent durch meine Schuhsohlen hindurch, deren Profil kaum noch vorhanden war. Das gab meinen Füßen den letzten Rest. Die Hitze setzte uns ebenfalls zu und es herrschten so gefühlte fünfzig Grad Celsius, was sicher maßlos übertrieben war. In Langogne kauften wir alles, was wir für den Abend benötigten, da wir in der Herberge nur Frühstück bekommen würden.

»Guck mal, da sind auch Pilger. Ob die den Weg andersherum laufen?«, fragte ich mich laut, als wir gerade eine Brücke passierten.

»Hm …«, lautete die ausführliche Antwort von Jens.

Zehn Minuten später!

Nochmals gingen wir über selbige Brücke, doch diesmal in die entgegengesetzte Richtung, welche eigentlich doch die richtige war. Die anderen waren schon längst nicht mehr zu sehen.

Mit schweren Rucksäcken und Schweißperlen auf der Stirn schleppten wir uns die Straße entlang. Bald sollten wir Brugeyrolles erreichen, wo unsere Gîte sich befand.

»Ach wenn wir nur endlich da wären! Für heute reichts!«, seufzte Jens und lehnte sich kurz an einen grasbewachsenen schrägen Hang.

»Da vorne sind die Pilger von vorhin, die haben garantiert die gleiche Unterkunft.«

Noch immer waren wir auf ein und derselben Straße unterwegs und kein Haus, geschweige denn ein Ort waren in Sicht.

»Ich brauch 'ne Pause.«, ächzte Jens, warf seinen Rucksack neben sich und sank auf die am Wegesrand stehende Bank.

Ich tat es ihm nach und einträchtig nebeneinander sitzend, stillten wir den Durst. Dann sahen wir uns genauer um. Außer einem kleinen Abzweig, versehen mit einem Schild, auf welchem *Les Crémades* stand, führte die Straße geradeaus weiter. Genau dort mussten wir lang, waren wir uns sicher. Deshalb fragten wir auch das ältere, französisch sprechende Paar nicht, das sich aus besagter Richtung näherte. Sie waren es schließlich, die uns ansprachen und fragten, wohin wir an diesem Tag denn noch laufen wollten. Scheinbar schauten wir doch recht einfältig, als uns klar wurde, dass *Les Crémades* ja der Name unserer Gîte war. Freundlich erklärten die beiden nochmals alles ganz genau, während wir wissend dazu nickten und unsere Dankbarkeit in Form ein paar zusammen gestammelter französischer Vokabeln ausdrückten. Ein guter Engel musste sie uns geschickt haben, denn ohne sie wären wir endlos in die falsche Richtung gelaufen.

Die Herberge war gut besucht, unter anderem von einer größeren Radlertruppe und den uns schon bekannten Pilgern. Alle sprachen französisch, kommunizierten lediglich untereinander und scherten sich nicht um uns. Egal! Wir waren kaputt, ausgelaugt und sowieso nicht zum Reden aufgelegt. Die Herberge war toll und wir hatten sogar eine Schlafnische für uns allein, erreichbar über eine freistehende Treppe. Hier kamen auch die Schlafsäcke wieder zum Einsatz. Unser eigenes kleines Reich!

Zu späterer Stunde erschienen in der Herberge zwei weitere Pilger, die mit einem Esel unterwegs waren. Die Radler wurden derweil zu Tisch gebeten, da sie Abendessen bestellt hatten. Köstlicher Duft durchzog die Räume, während wir zufrieden bei Baguette, Käse und Rotwein den Tag Revue passieren ließen.

5. Tag Brugeyrolles – Notre-Dame-des-Neiges 23 km

Gegen sieben Uhr verließen wir die Herberge *Les Crémades*. Es war noch leicht dämmrig, der Himmel wolkenlos und geheimnisvoll wirkende Nebelschwaden stiegen kaum merklich aus den Bergen vor uns empor. In einem angrenzenden weitläufigen Gatter sprangen Rehe flink umher und aus der Ferne war das hartnäckige Wiehern eines Esels zu hören. Scheinbar rief er auf diese Weise seine beiden Wandergefährten, um das heiß ersehnte Frühstück einzufordern.

Nochmals kamen wir an der kleinen Bank vom Vorabend vorüber.

»Oh nein, wenn wir gestern hier weitergegangen wären, hätten wir wohl im Wald schlafen müssen. Hier kommt ja lange noch kein Ort.«, meinte ich bestürzt zu Jens, der daraufhin erwiderte:»Ja wir hatten richtig Glück, ich mag gar nicht darüber nachdenken, wie das ausgegangen wäre!«

Sicher recht abenteuerlich, denn weit und breit war keine Spur von Zivilisation. Wir folgten dem Régordaneweg, der uns auf felsigen Pfaden ständig auf und ab führte. Um uns herum waren nur Steine, Bäume und Berge.

Nach etwa einer Stunde gelangten wir zum Weiler Esfagoux. Alles wirkte verlassen und totenstill! Vereinzelt standen Ruinen am Straßenrand und nur am Ende dieses Geisterortes waren wenige, scheinbar neu erbaute Häuser sehen. Wer zum Teufel will denn freiwillig hier wohnen? Wir verstanden es nicht und waren froh, diesen Ort endlich hinter uns lassen zu können. Noch immer war uns unbehaglich zumute, als ein plötzlich eintretendes Knistern und Knacken uns zusammenschrecken ließ. Es wurde immer stärker, je mehr wir uns der monströsen Starkstromleitung näherten. Wortlos fassten wir uns bei den Händen und rannten, so schnell wir konnten, darunter hindurch. Außer Atem, blickten wir noch einmal erleichtert zurück.

Teils ging es weiter auf steilen Waldwegen. Die Beschilderung wurde immer dürftiger genau wie unsere Orientierung und weshalb wir uns plötzlich wieder auf dem Stevensonweg befanden, konnten wir gleich gar nicht nachvollziehen. Endlose schmale Pfade durch sehr viel Wald führten uns hinab zum *Château von Luc.*

Château bedeutet übersetzt Schloss oder Burg. Manchmal tragen auch Weingüter diese Bezeichnung. In unserem Fall handelte es sich um eine Burgruine.

Diese Anlage wurde im 12.Jahrhundert erbaut und entwickelte sich mit der Zeit zu einem wichtigen militärischen Stützpunkt. Während des Dreißigjährigen Krieges wurde die Burg erstmals geplündert, woraufhin diese so nach und nach verfiel. Im Jahre 1878 entstand aus dem Hauptturm eine Kapelle, auf welcher seitdem eine weiße überdimensional große Marienstaue thront.

Es war noch nicht einmal elf Uhr und wir hatten schon wieder Hunger, sodass wir im Schatten der Ruine von Luc unsere letzten Vorräte verzehrten. Vereinzelte, hauchdünne Federwolken, die durch das Licht der Sonne einen besonderen Glanz erhielten, verliehen dem blauen Himmel einen ganz eigenen Zauber. Ein wohltuendes Lüftchen ließ die Äste des Baumes über uns lebendig werden und wir fühlten uns eins mit der Natur.

Hinweisschild zur Herberge

Verschlossene Türen am Kloster

Auf einem schmalen Pfad gelangten wir in den Ort Luc. Diese kleine Gemeinde liegt am Oberlauf des Flusses *Allier* und verzeichnet etwa 220 Einwohner. Kurz vor der Kirche sollte es eine Trinkwasserstelle geben, jedoch war das einzige was wir entdeckten war ein kleiner Brunnen mit der Aufschrift »*eau non potable*«. Also doch kein Trinkwasser.

Den Brunnen ignorierend, liefen wir durch den Ort hindurch und die Straße entlang. Irgendwann schwenkten wir nach links ab, überquerten die Bahngleise und stiegen auf der anderen Seite wieder hinauf. Hinter einem Gatter unter Bäumen standen zwei Esel, die so herzergreifend jammerten, dass Jens nicht anders konnte und etwas bei seinen Lieblingstieren verweilte, um sie mit Grasbüscheln zu füttern.

An diesem Tag fehlte mir irgendwie die richtige Kondition für das ständige Auf und Ab. Ein langer und beschwerlicher Weg sollte uns auf den *Sommet Espervelouze* in 1.225 Metern Höhe führen.

Parallel zur Hochspannungsleitung arbeiteten wir uns immer weiter bergauf. Es war sehr schwül, mir rann der Schweiß von der Stirn, was wohl besonders die Fliegen unwiderstehlich fanden. Ständig kreisten ein paar der stattlichen Exemplare vor meinem Gesicht herum und gingen regelmäßig auf Angriff über.

»Was fuchtelst du nur immer vor deinem Gesicht herum?«, fragte Jens belustigt.

»Stören dich denn die Fliegen nicht?«, erwiderte ich genervt.

»Nee, bei mir sind keine.«

Ungläubig sah ich ihn an.

Der Weg war steil, ich schweißgebadet und ein ganzer Fliegenschwarm attackierte mich mittlerweile.

»Ich werde wahnsinnig!«, stieß ich ärgerlich hervor.

»Ja, was soll ich denn jetzt dagegen machen?«, fragte mich Jens.

Ohne Antwort stapfte ich weiter, um kurz vor Erreichen des Gipfels stehenzubleiben. Nach einem unartikulierten wütenden Schrei aus meiner Richtung schrak Jens sichtlich zusammen.

»Haut endlich ab ihr Mistviechter!!! Ich! will! das! nicht!!!«, schrie ich weiter, was Jens animierte, eilig in Richtung Gipfel zu laufen.

Auf dem *Sommet Espervelouze* angelangt, akklimatisierte ich mich langsam, während ich mit dem letzten Trinkwasser mir den Schweiß vom Gesicht spülte. Hatte ich mich blöd benommen? Jens konnte doch gar nichts dafür!

»Tut mir leid! Warst du erschrocken?«

»Ja schon, aber egal. Guck mal was für eine herrliche Aussicht …«, erwiderte Jens einlenkend.

Und wahrhaftig hatte man von diesem Punkt aus einen einmaligen Blick ins Tal des *Allier*. Wir waren umgeben von der stolzen Bergwelt der Cévennen. Ein raues Gebirge mit einem ganz besonderen Charme.

Robert Louis Stevenson schrieb:

»Soweit das Auge reicht, erhebt sich und verschwindet eine Reihe von Hügelrücken nach der anderen; sobald man einen Hang erklommen hat, erblickt man bloß weitere Ketten dahinter. Unzählige kleine Wasserläufe stürzen von allen Seiten in jähe Täler hinab …«

Neben dem gelben Wegweiser, der uns nur noch 2,8 Kilometer bis *Notre-Dame-des-Neiges* verkündete, befand sich auch eine kleine Übersichtskarte. Überwiegend bergab laufend, erreichten wir gegen vierzehn Uhr dreißig das Kloster. Wir freuten uns auf Bett und Dusche, jedoch hatten wir schlechte Karten, denn erst ab siebzehn Uhr dreißig durften wir uns anmelden. Da es aber auch keine Möglichkeit gab, im Klostergelände etwas Proviant und Getränke zu erstehen, bot Jens sich kurzerhand an, die drei Kilometer bis La Bastide-Puylaurent zu laufen, um einkaufen zu können. Gesagt, getan!

Unsere Rucksäcke standen geduldig wartend vor dem Eingang des Gästehauses und ich machte ich es mir unterdessen vor der steinernen Mauer gegenüber, auf einem quer liegenden Baumstamm bequem. Allmählich konnte ich etwas herunterfahren. Zum Schutz vor der Sonne wickelte ich mein Tuch um den Kopf und holte den kleinen Reiseführer hervor, um darin über die Umgebung und das Kloster nachzulesen. Einem Geräusch folgend, wandte ich den Kopf nach links und schaute in etwa ein Dutzend Ziegenaugen, die mich hungrig und bettelnd ansahen. Ich konnte nicht anders und ging auf die Suche nach ein paar Grashälmchen, welche mir sogleich gierig durch den Zaun des Gatters aus der Hand gerissen wurden.

Im Jahre 1850 wurde das Trappistenkloster neu gegründet und kann heute auf eine umfangreiche und interessante Geschichte zurückblicken. Als Robert Louis Stevenson vom 26. auf den 27. September 1878 hinter den Mauern des Klosters übernachtete, war er so beeindruckt, dass er diesen Aufenthalt ausführlich in seinen Aufzeichnungen dokumentierte.

Bei einem Brand im Jahre 1912 wurde sehr viel zerstört. Mühsam konnte das Kloster nach und nach wieder aufgebaut werden. Seitdem sichern die dort lebenden Mönche ihre Existenz vorwiegend mit Weinanbau und Landwirtschaft. Die Weinproduktion wurde leider 2006 wieder eingestellt. Heute noch leben hier an die vierzig Mönche. Die Gästezimmer werden gern von Wanderern, Pilgern und Gruppen genutzt, sodass es ratsam ist, rechtzeitig zu buchen.

Mittlerweile war es sechzehn Uhr dreißig und noch immer wurde ich von den Blicken der hungrigen Ziegen fixiert, als endlich Jens schnellen Schrittes um die Ecke kam. Er berichtete, dass er auf dem Weg nach La Bastide Puylaurent von zwei Frauen mit dem Auto eingesammelt und netterweise bis vor den Laden gefahren wurde. Dieser aber war leider noch geschlossen und sollte erst sechzehn Uhr wieder öffnen, sodass er die Zeit am Flussufer des Allier sitzend verbrachte. Den Rückweg bewältigte er zu Fuß.

Auch er konnte nun den bettelnden Augen der Ziegen nicht widerstehen und ging ebenfalls auf Futtersuche. Einträchtig nebeneinander auf dem Baumstamm sitzend, warteten wir, dass die Herberge öffnen würde.

Wir hatten ein Zimmer für uns alleine und noch genug Zeit bis zum Abendessen. Dies gab es kurz nach neunzehn Uhr in dem großen Speiseraum. Vermutlich waren alle Gästezimmer belegt, denn kein einziger Sitzplatz blieb leer. Eine riesige appetitliche Salatplatte wurde herumgereicht. Doch wer nicht schnell genug war, hatte keine Chance auf einen Nachschlag. Ich war gerade fertig und freute mich auf die zweite Portion, da war das Grünzeug bereits wieder aus meinem Blickfeld entschwunden. Der Hauptgang, bestehend aus Schweinebraten, Kartoffeln und Möhren, wurde von einer ununterbrochen plaudernden Frau verteilt und war ebenso schnell wieder weg. Zum Abschluss gab es Rotwein und Käse, doch auf einmal hatten es alle sehr eilig und ehe wir uns versahen, erhob sich einer nach dem anderen, um in der Küche zu helfen.

Alle wuselten emsig herum, spülten Geschirr, wischten Tische ab und im Nu sah es so aus, als hätte hier nie jemand gespeist. Ein paar Minuten später verließen die meisten der chic gekleideten Gäste das Kloster, um zum Gottesdienst zu gehen, wie wir im Nachhinein erfuhren. Scheinbar war es der übliche Ablauf, von dem wir nichts wussten, da wir uns nicht ausreichend verständigen konnten. Doch waren wir auch sehr erschöpft und zogen uns bald ins Klosterkämmerchen zurück.

6. Tag Notre-Dame-des-Neiges – Les Alpiers 30 km

Diesen Tag begannen wir sehr zeitig und waren somit die Ersten im Speisesaal, wo das Frühstück schon büfettartig vor der Küche aufgebaut war. Ein paar der Gäste, scheinbar auch Pilger oder Wanderer, erschienen nach und nach, um wenig später ebenfalls leise flüsternd an den Tischen zu sitzen. Wir hielten uns nicht lange auf, gaben die Spende für den Aufenthalt im Kloster in eine Kasse des Vertrauens und zogen in der Dunkelheit los. Es war noch nicht einmal sechs Uhr, doch ein langer Tag stand bevor.

Auf einem schmalen Weg durch den Wald liefen wir in Richtung der Hauptstraße. Wir versuchten gar nicht erst, den offiziellen Wanderweg zu gehen, den wir in der Dunkelheit sowieso nicht gefunden hätten.
Es war unheimlich! Hin und wieder raschelte es, ansonsten herrschte Totenstille, die gelegentlich durchbrochen wurde von knackenden Ästen und dem Schreien der Käuzchen. Nur der Mond leuchtete uns mit schwachem Schein. Wir liefen schnell und lautlos, wagten nicht einmal zu flüstern und in unseren Köpfen spukte die *Bestie vom Gévaudan* herum. Aus Bäumen, die wir nur schemenhaft wahrnehmen konnten, entstanden in unserer Phantasie unheimliche Figuren. Erleichtert erreichten wir die Straße nach La Bastide-Puylaurent.

Wir gingen durch den Ort, der um diese Uhrzeit noch recht unbelebt war und verließen ihn die Bahngleise querend, um sogleich wieder straff bergauf zu steigen. Wieder einmal war es ein einziges auf und ab. Die Sonne schaffte es an diesem Tag nicht, sich gegen die dicke, mehrfarbige Wolkendecke durchzusetzen. Wir überschritten insgesamt vier stattliche Berge, besichtigten die Lotquelle und trafen sogar ein paar Wanderer.

Zeitweise lief Jens ein Stück voraus, während ich mit den Aufstiegen zu kämpfen hatte.

Zwischendurch berichtete er: »Jetzt haben wir eine Deutschlehrerin aufgegabelt.«

Fragend blickte ich ihn von der Seite an.

»Sie lief eine Weile neben mir, da habe ich sie auf Französisch angesprochen und sie hat mir auf Deutsch geantwortet. So kamen wir ins Gespräch.«

Kurz darauf trafen wir diese sehr nette, ältere Dame wieder und ich mochte sie auf Anhieb. Wir gingen ein Stück des Weges miteinander, bis jeder von uns sein eigenes Tempo wiederfand.

Gegen siebzehn Uhr dreißig kamen wir völlig fertig an der Herberge von Les Alpiers an. Unsere französische Deutschlehrerin namens Marylou drapierte gerade ihre Wäsche über einen Drahtzaun, als sie uns erblickte. Wir freuten uns sehr über das Wiedersehen und wir waren ihr unendlich dankbar für ihre Hilfe bei der Suche nach einem Nachtlager. Die Etagenbetten der Gîte waren fast komplett von Wanderern belegt, nur zwei der oberen waren frei. Da ich ja mit dieser Art Betten aus verschiedenen Gründen absolut auf Kriegsfuß stehe, war das nicht unbedingt die beste Lösung. Nicht nach so einem Tag!

Aber es gab auch noch ein zu Herberge gehörendes Tipi. Marylou suchte mit uns gemeinsam die Gastgeberfamilie auf, die im Haus nebenan wohnte. Sie dolmetschte und begleitete uns sogar noch zu dem riesengroßen Indianerzelt, welches mitten auf der Wiese stand. Was hätten wir bloß ohne sie getan!

Der Boden des Tipis bestand aus Holzbohlen, die nur in der Mitte eine kreisrunde Stelle frei ließen. Sechs Liegen standen im Kreis, bestückt mit Wolldecken und dicken Daunenschlafsäcken.

Etwas später kam, wie verabredet, Marylou noch einmal und organisierte für uns eine Unterkunft für den folgenden Abend in Le Pont-de-Montvert.

Zum Abendessen saßen wir mit mehreren Franzosen an der langen Tafel in der großen Wohnküche unserer Gastgeber. Alle waren auf dem Stevensonweg unterwegs und keiner kannte auch nur ein einziges deutsches Wort, außer Marylou und einer weiteren jungen Frau. Sie stammte ebenfalls aus Frankreich und arbeitete in der Nähe von Berlin als Französischlehrerin. Sie war total nett, besaß eine herzerfrischende Art und weil sie nicht besonders groß war, nannten wir sie *Zwecke*. Der junge Mann neben ihr war mit einem Esel unterwegs, allerdings in die entgegengesetzte Richtung. Den Namen des älteren Herrn, der an der Stirnseite saß, erfuhren wir nicht, deshalb tauften wir beide ihn *Stirni* und uns schräg gegenüber saßen Anton, Pierre und Ariane. Vor dem Kamin standen zwei Sessel, auf denen die beiden Katzen des Hauses thronten und argwöhnisch zu uns herüber schauten. Unsere Gastgeber, welche regelmäßig die Gäste bekochen, hantierten geheimnisvoll mit Töpfen und Pfannen, während wir uns mit dem servierten Aperitif zuprosteten.

»À votre santé …«

» …santé …«

»Das schmeckt aber gut! Weißwein mit Sirup, wie damals in Le Setoux.« stellte Jens fest.

»Ja, aber viel kann man davon nicht trinken, das ist ganz schön süß. Verstehst du eigentlich was von dem, worüber erzählt wird?«

»Nee, nur Bruchstücke. Schade dass unser Französisch noch nicht für solche Konversationen ausreicht …«

Und tatsächlich konnten wir aufgrund dessen nur bedingt an den Gesprächen teilnehmen.

Die Tür öffnete sich und ein alter, kleiner Mann wurde von der Hausherrin hereingeführt. Er war schätzungsweise an die achtzig Jahre und wahrscheinlich Vater sowie Schwiegervater der beiden. Er wurde zwischen uns platziert und bekam, wie wir auch, einen Teller hingestellt sowie ein Glas Rotwein, bei dessen Anblick sich ein freudiges Lächeln auf seinem Gesicht ausbreitete.

Unsere Gastgeber Claude und Miriam erschienen am Tisch mit einem riesigen Topf, einem Holzlöffel und einer Schere, woraufhin die *Zwecke* begeistert rief: »Alligooo!!!«

Aligot ist eine typisch französische Spezialität, eine Art Kartoffelpüree, angereichert mit Knoblauch, Sahne und reichlich Käse. Es gibt viele Rezeptvariationen, doch ursprünglich handelt es sich um ein Gericht von Priestern, kreiert für Jakobspilger. Sehr gehaltvoll und doch unbedingt zu empfehlen!

Den Serviervorgang des Aligots muss man einfach gesehen haben. Während Claude die zähe dampfende Masse in einem Strang aus dem Topf holte, durchschnitt Miriam diesen portionsweise mit einer ganz normalen Haushaltsschere über den Tellern. Dazu gab es Bratwürstchen, Salat und als Nachtisch Kuchen und Rotwein. Es war ein angenehmer Abend mit angenehmen Menschen und letztendlich war es Marylou zu verdanken, dass wir uns nicht ausgeschlossen fühlten, da sie sich rührend um uns kümmerte.

7. Tag Les Alpiers – Le Pont-de-Montvert 20 km

Am Morgen traten wir vor unser Tipi und sahen zum Himmel, dessen Farbe undefinierbar war. Trotz der arg kalten Nacht hatten wir dank der kuscheligen Schlafsäcke nicht gefroren. Die Aufbruchsstimmung aller machte sich schon beim gemeinsamen Frühstück bemerkbar. Um ein paar Erinnerungsfotos zu schießen, stand ich kurz auf und fand danach meinen Stuhl besetzt vor. Eine der dicken Katzen lag schnurrend darauf und machte keine Anstalten, den Platz zu räumen. Aus dem Schnurren wurde schnell ein Fauchen, als ich sie kurzerhand umquartierte und neben ihre Kumpanin setzte, die währenddessen Besitz ergreifend auf meiner Jacke lag.

Es ging los. Nach gegenseitigem Abschiednehmen gab Claude uns noch ein paar wichtige Tipps mit auf den Weg, da wir ja an diesem Tag vorhatten, den 1.699 Meter hohen *Mont Lozère* zu überschreiten. Keinesfalls sollten wir bei schlechter Sicht bis auf den Gipfel gehen, sondern nur den Pass queren und uns ausschließlich nach den Stelen richten, die als zusätzliche Markierungspunkte angebracht wurden. Alles andere wäre lebensgefährlich, sagte er. Weder Wegweiser noch Markierungen sind bei Nebel und Starkregen sichtbar.

Wenn einer Bescheid wusste, dann er, denn Claude und Miriam bieten unter anderem auch geführte Wanderungen in der Umgebung an.

Klang alles logisch! Doch mit halbem Ohr hörte ich nur hin, denn so schlecht würde das Wetter schon nicht werden. Als wir jedoch vor die Tür traten, wurde ich eines Besseren belehrt. Es regnete leicht und dichter Nebel verdeckte den Blick auf die Berge.

»Oh nein, auch das noch! Ausgerechnet heute! Eigentlich wollte ich gerne bei schönem Wetter über den *Mont Lozère* ...«, bedauerte Jens.

»Was hat Claude vorhin gesagt? ...mit den Stelen, meine ich?«, fragte ich laut.

»Wir müssen uns orientieren nach den Stelen und aufmerksam schauen.«, erwiderte Marylou mit französischem Akzent.

»Wir sehen! À tout talheur.«, sagte sie noch und lächelte uns aufmunternd zu, bevor sie ging.

À tout talheur bedeutet frei übersetzt, bis nachher.

Aligot

Dichter Nebel beim Aufstieg

Während wir die letzten Dinge in unsere Rucksäcke verstauten, gingen die anderen im Gänsemarsch an uns vorüber und verschwanden bald im Nebel. Es nieselte zwar nur noch leicht, doch der Himmel wirkte bedrohlich. Als wolle er uns warnen. Eine dunkle Vorahnung ergriff uns.

Nun gingen auch wir den Schotterweg entlang und warfen einen letzten Blick zurück auf das Tipi, unsere Behausung der vergangenen Nacht. Weit vor uns bewegten sich kleine leuchtende Punkte im Nebel, welche wir als die bunten Rucksackregenhüllen unserer Mitstreiter erkannten. Doch nun hieß es, aufpassen! Auf dem Weg nach Le Bleymard überwanden wir in zwei Kilometern etwa einhundertdreißig Höhenmeter. Es ging steil abwärts, stellenweise über schieferähnliche Platten, welche verdammt rutschig waren. Ein Vorgeschmack auf den weiteren Tagesverlauf?

Unten angekommen, winkten uns von der gegenüberliegenden Straßenseite Stirni, Pierre und Ariane zu, die soeben aus einer Boulangerie traten. Bis Le Pont-de-Montvert würde es keine Einkaufsmöglichkeiten mehr geben, doch besaßen wir noch genügend Proviant. Gleich hinter dem Dorf begann der Anstieg. Es regnete stärker.

»Da vorne steht eine Bank. Wollen wir dort mal ablegen, um die Regencapes überzuziehen?«, fragte ich Jens und eilte voraus.

»Och Mann, eigentlich will ich mit dieser Pelle nicht den Berg hoch latschen, da schmore ich ja im eigenen Saft.«, antwortete er unschlüssig und versuchte, während des Laufens sein Cape herauszuholen.

Mit Pelle meinte er so ein winziges hauchdünnes und flatteriges Etwas, welches man in jedem Billigladen für wenig Geld erstehen kann. Natürlich besaß er noch eine zweite Variante in Form eines Müllsackes. Mit ausgeschnittenen Öffnungen für Kopf und Arme sollte dieser bei Starkregen zum Einsatz kommen. Er war handlich, leicht und klein zusammenfaltbar. Denn solch ein großes, monströses und vor allem schweres Teil wie meines, wollte er keinesfalls mitschleppen. Dieses war auch wirklich sehr speziell! Es war bodenlang, dunkelgrün und mit nur wenigen Druckknöpfen versehen. Mit der formgerechten Ausbuchtung für den Rucksack sah ich aus, als würde auf meinem Rücken ein weiterer Pilger sitzen.

So zogen wir los, um den Mont Lozère zu bezwingen.

Breite Wege führten unbarmherzig steil bergauf. Es ging schleppend voran und nur schemenhaft konnten wir die Umrisse der vor uns laufenden Personen im Nebel erkennen. Nichts als Bäume um uns herum und je höher wir kamen, desto windiger wurde es. Es nieselte kontinuierlich und ich garte so vor mich hin unter dieser winddichten Hülle. Wir hatten die anderen eingeholt, doch mehr als ein gegenseitiges kurzes Zuwinken war nicht drin, denn alle hatten mit sich zu kämpfen. Keiner sprach mehr. Es war anstrengend! Kurze ebene Abschnitte und lange steile Passagen wechselten sich ab bis zur *Station du Mont Lozère*. Jedoch waren die Wege noch immer bequem breit.

Der *Mont Lozère* ist die höchste Erhebung des Nationalparks Cévennen und dessen Gipfel, der *Sommet de Finiels* mit 1.699 Metern, die höchste Erhebung im gesamten Département Lozère. In jedem gängigen Reiseführer wird geraten, diesen bei schlechtem Wetter nicht zu besteigen, sondern nur über den 1541 Meter hohen Bergrücken gehen. Deshalb wurden Granitstelen aufgestellt, welche den Wegverlauf kennzeichnen sollen.

Die *Station du Mont Lozère* liegt auf 1.421 Metern Höhe und verfügt über Gaststätten- sowie Hotelbetrieb.

Wir erreichten die *Station du Mont Lozère* und steuerten, wie auch unsere Weggenossen, das Gasthaus an. Im Vorraum standen überall Rucksäcke, Regenumhänge hingen ausgebreitet an Haken, Fenstergriffen, Treppengeländern und sogar über Bilderrahmen. Ein paar Personen kramten noch in ihren Sachen, während der Innenraum der Gaststätte voll belagert war. Wo kamen denn auf einmal all die Menschen her? Wir nutzten lediglich die Toiletten und verzehrten einen Teil unserer Vorräte im Vorraum sitzend zwischen all den nassen Wanderutensilien. Plötzlich war Aufbruchsstimmung angesagt und so nach und nach leerte sich der Gastraum. Als Schutz vor

Nässe packte ich meine Gürteltasche inklusive Kamera tief in den Rucksack und in Regenmontur traten wir vor die Tür. Wieder waren wir die Letzten. Der Nebel war dichter geworden, der Wind stärker und unsere Gesichter mittlerweile nass vom Regen. Das erste Stück liefen wir auf der Straße entlang, welche wir dann links liegen ließen, um einem Pfad nach oben zu folgen. Dieser sollte zum Sattel des *Mont Lozère* führen. Es war sehr mühsam und wir können heute weder über Wegbeschaffenheit noch Umgebung irgendwelche Aussagen machen. Der Nebel verhüllte die Sicht, Regen und Wind nahmen weiter zu und wir mussten höllisch auf den Weg achten. Nur ab und an konnten wir einzelne Stelen erahnen. Irgendwann, ohne jegliches Gefühl für die Zeit, waren wir auf dem Bergrücken des *Mont Lozère* angelangt. Dies soll eigentlich der schönste Abschnitt des Stevensonweges sein, doch für uns wurden diese vier Kilometer auf der baumlosen Ebene zur Hölle.

»Wir müssen auf die Stelen achten, ich habe sonst keine Ahnung, wo es lang geht.«, rief Jens mir zu.

Wir liefen nur knapp hintereinander, doch wurden die Worte mitgerissen vom Wind, der zum Sturm mutierte und uns um die Ohren pfiff.

»Ich kann nichts sehen …!«

»Hier, das müsste eine Stele sein, wir sind noch richtig …!«

»Bloß nicht zum Gipfel abdriften, dann war's das … Ich hab Angst!«

»Ich auch! Wir sind die letzten, keiner kommt mehr hinter uns, alle sind weg. Wir müssen es schaffen!!«

Der Nebel hatte sich extrem verdichtet und machte jegliche Orientierung unmöglich. An den Händen haltend, arbeiteten wir uns mühsam voran, wurden aber vom Sturm immer wieder zurückgetrieben, wodurch wir das Gefühl für den Weg vollkommen verloren. Regen vermischt mit Hagel peitschte unbarmherzig in unsere Gesichter. Wir hatten die Orientierung verloren, wir waren allein und wir waren ungeschützt der Willkür der Natur ausgesetzt.

Nur unter Anstrengungen kamen wir vorwärts und immer wieder musste ich stehenbleiben, um zu verschnaufen.

»Schaffst du es?«, rief Jens mir verzweifelt entgegen. »Wenn wir die Baumgrenze erreicht haben, sind wir in Sicherheit!«

»Wie weit wird es noch sein?«

»Ich weiß es nicht.« entgegnete Jens verzagt. »Wir müssen die Stelen finden!«

Hagelkörner prallten in unsere eisigen Gesichter, doch den Schmerz nahm ich kaum wahr. Warum bloß mussten wir hier oben in solch eine Situation geraten!? Mühsam setzen wir einen Fuß vor den anderen, den Naturgewalten entgegen und waren glücklich über jede neue Stele, die wir entdeckten.

»Ich kann nicht mehr!!!« Über mein regennasses Gesicht rannen Tränen.

»Wir müssen jetzt hier durch, wir sind die einzigen hier oben. Wenn wir es nicht schaffen, dann hilft uns keiner!«, schrie Jens energisch, um die pfeifenden Geräusche des Sturmes zu übertönen.

Er hatte recht, alle anderen waren schon lange weg und nach uns würde an diesem Tag keiner mehr diesen anspruchsvollen Aufstieg gewagt haben. Niemand könnte uns helfen und an Handyempfang war hier nicht zu denken. Es gab keine andere Möglichkeit, wir mussten weiter! Ich untersagte mir jegliche Denkvorgänge, nahm all meinen Mut zusammen und aktivierte letzte Kräfte.

Der immer stärker werdende, brausende Sturm machte eine Kommunikation sinnlos und krampfhaft hielten wir uns noch immer an den Händen. Doch hatte sich der Nebel nun etwas verdünnt und ließ uns schemenhaft die Umgebung erkennen.

»Da vorn das könnten Bäume sein. Wenn wir bis dorthin kommen, dann kann uns nichts mehr passieren!«, rief Jens mir zu und gemeinsam versuchten wir, unsere Schritte zu beschleunigen.

Außer Atem erreichten wir die Waldkante. Durchnässt und zerzaust fielen wir uns jubelnd in die Arme.

»Wir haben es geschafft!«, stieß Jens erleichtert hervor.

»Hattest du daran gezweifelt?«

»Ich hatte Todesangst! Ich dachte, du schaffst es nicht!«

Sekundenlang verharrten wir engumschlungen.

Robert Louis Stevenson schrieb:

»Der Pfad dem ich am Abend gefolgt war, verlor sich bald, und ich folgte nun bei meinem Aufstieg über die kahle Grasnarbe einer Reihe von Marksteinen, wie sie mir schon den Weg über Goulet gewiesen hatten. Es war bereits warm. ich band meinen Rock auf den Pack und marschierte in meiner Strickjacke. Selbst Modestine war in Hochstimmung …«

Nach etwa hundert Metern wies die Markierung uns auf einen abenteuerlichen, schmalen, gerölligen Pfad, welcher sich steil und in engen Serpentinen, einem Bachbett gleich, nach unten schlängelte. Noch einmal war höchste Konzentration angesagt. Aber egal, wir waren unversehrt, hatten es geschafft! Was sollte noch Schlimmeres passieren?

Nach dem schwierigen Abstieg erreichten wir Finiels. Noch immer Dauerregen! Na und! Nass waren wir sowieso, nichts konnte uns an diesem Tag mehr etwas anhaben. Da wir keine trockene Stelle zum Ausruhen fanden, machten wir eben keine Pause, beschlossen aber, die restliche Strecke auf der Straße zurückzulegen. Obwohl dies ein Umweg sein würde, ignorierten wir den eigentlichen Weg, denn von jeglichen Abenteuern hatten wir vorerst genug. Wir wollten nur noch ankommen. Zügigen Schrittes folgten wir der D 20 und erreichten zwei Stunden später Le Pont-de-Montvert.

Auf einer Brücke überquerten wir den laut tosenden *Tarn* und fanden unsere Unterkunft, das Hôtel Restaurant »*Auberge des Cévennes*« gleich auf der anderen Seite des Flusses.

Im Vorraum des Hotels stehend, sahen wir uns um. Alles war klein, eng, alt und hatte doch jede Menge Charme! Die Herzlichkeit der Betreiber erfüllte das Haus. Unsere nassen Schuhe wurden sogleich mit Zeitungspapier ausgestopft und in den Keller gestellt. Im Handumdrehen bekamen wir den Zimmerschlüssel, wurden gefragt, ob wir etwas brauchen und auf das Abendessen hingewiesen. Über eine knarrende Holztreppe erreichten wir unser Zimmer. Es war winzig, ausgestattet mit einem Doppelstockbett und einer Liege. Für uns ein Palast! Der pure Luxus. Duschen und Toiletten befanden sich eine Treppe tiefer. Wir vermissten nichts!

Da wir lediglich noch ein paar Lebensmittel benötigten, rannte Jens bei strömenden Regen in Badelatschen zum Laden auf der anderen Seite des Flusses. Wir hatten noch genügend Zeit zum waschen, ausruhen und Tagebuchschreiben. Unser kleiner Palast ähnelte mittlerweile einem Zigeunerlager. Überall hing feuchte Wäsche herum und auf dem oberen Bett hatten wir unseren gesamten Rucksackinhalt einschließlich Geldscheinen zum Trocknen ausgebreitet. Ach, wie fühlten wir uns wohl!

Auch Robert Louis Stevenson machte einst in Le Pont-de-Montvert Station und speiste in diesem Hotel zu Mittag. Es wird gemunkelt, dass er zu jener Zeit hier eine Liebelei mit einer Bedienung anfing.

Le Pont-de-Montvert – Jens geht einkaufen

Unser Palast

Zum Abendessen gingen wir nach unten im Gastraum des Hotels, wo bereits eine fröhliche Betriebsamkeit herrschte.

Unter den Gästen erkannten wir auch einige, uns bekannte Gesichter wieder. Dem stämmigen Mann mit der kleinen Asiatin begegneten wir schon im Kloster und auch einige der Wanderer, die wir auf dem Weg nach Les Alpiers trafen, waren hier anwesend.

So auch Phillippe aus Toulouse, der uns am Tisch Gesellschaft leistete. Er war sehr nett, beherrschte aber außer Französisch leider nur die englische Sprache. Zu dem reichhaltigen Menue teilten wir uns einen Krug Rotwein, welchen unser Tischgenosse später klammheimlich bezahlte. Eine anregende, lustige Unterhaltung beherrschte den Abend und auch wenn ich nicht so viel verstand, fühlte ich mich wohl und steuerte mit schlauem Gesicht ab und zu ein paar Gesprächsbrocken hinzu.

8. Tag Le Pont-de-Montvert –
Gare de Cassagnas 18 km

Wir staunten nicht schlecht, als wir beim Frühstück all unsere Wander-
kameraden des Vortages wieder trafen, unter ihnen auch Marylou. Alle
waren in der kommunalen Gîte am Ortseingang untergebracht, wo es
keinerlei Verpflegung gab und sogar die Zwecke hatte sich spätabends
noch in unser kleines Hotel umquartiert. Sämtliche Pilger und Wanderer
dieser Stadt schienen sich an diesem Morgen hier versammelt zu haben.
Ein buntes, heiteres Treiben erfüllte den Raum. Es war so schön.

Doch wurde es für uns Zeit, aufzubrechen. Und wieder einmal hieß
es, Lebewohl sagen und Abschied nehmen von liebgewordenen Menschen.

Marylou hatte vor, einen Ruhetag in Le Pont-de-Montvert einzulegen.
»Isch möchte in einem Café sitzen, großen Kuchen essen, Zeitung lesen
und spazieren.«, sagte sie in ihrem fast perfekten Deutsch.

Für die Zwecke war der letzte Tag angebrochen. Sie würde nur noch bis
Florac laufen und von dort aus ans Meer fahren, um mit ihrer Mama ein
paar Tage Urlaub zu machen.

Phillippe wollte ebenfalls über Florac weitergehen und Pierre und Ariane hatten vor, ihre Reise in Saint-Jean-du-Gard zu beenden, wie einst
Robert Louis Stevenson.

Der Raum leerte sich. Wir verließen ein charmantes Hotel in einem
charmanten Ort. Und irgendwie waren wir ein bisschen traurig gestimmt.

Gleich gegenüber vom Hotel ging es etwa zweihundert Höhenmeter steil
empor auf das Plateau des *Cham de l'Emmet*. Einen letzten Blick noch

warfen wir auf Le Pont-de-Montvert, um dann in diese karge, steinige Landschaft einzutauchen.

Über den Wäldern lag dichter Nebel, die Luft war sehr feucht und die Wege nass und schlammig. Es war ein einziges auf und ab an diesem Tag und zeitweise nieselte es.

Zu bemerken wäre, dass wir nicht über Florac zu gehen beabsichtigten, sondern die kurze Variante direkt nach Gare de Cassagnas nehmen wollten. Der Charakter des Weges änderte sich auf den letzten Kilometern. Wir tappten zwar noch immer im Schlamm herum, dies jedoch nun inmitten einer zauberhaften Heidelandschaft mit tollen Fernblicken.

»Ist das schön hier! Herrlich sieht diese Heide aus, wie ein großer Teppich!«

»Ach schön!«, stimmte ich Jens innbrünstig zu.

»Ich mag Heide sehr, am liebsten würde ich mir ein paar Büschel mit nach Hause nehmen ...«, sinnierte er weiter und ging langsam an den Rand des Hanges. »Siehst du das da ganz unten?«

»Was meinst du?«

»Dieses kleine Häuschen dort, bestimmt ist das unsere Herberge.«

»Das glaube ich nicht!«

»Ich schon.«

»Sieht aber nicht einladend aus!«

»Ich habe gar keine Lust, da runter zu gehen in dieses feuchte Tal.«

Den oberhalb gelegenen Ort Cassagnas streiften wir nur und stiegen mit vielen offenen Fragen den langen Weg hinab ins Tal. Und wirklich war die Gîte Gare de Cassagnas jenes kleine Häuschen, welches wir von oben schon erblickt hatten.

Als erstes begaben wir uns zum Anmelden in die Gaststätte und suchten danach die sich nebenan befindende Herberge auf.

Ernüchtert sahen wir uns um. Im Vorraum standen ein massiver langer Holztisch sowie zwei dazu passende Sitzbänke. Dahinter eine Art Küchenzeile. Es war kalt, feucht und alles wirkte schmuddelig. Die Tür zum Schlafraum stand offen. Von den vier Doppelstockbetten waren zwei der unteren noch frei, die wir gleich in Beschlag nahmen. Wir legten ab und verteilten unsere Sachen zum Trocknen auf den Betten. Es gab einen weiteren kleinen Raum, welcher schon belegt zu sein schien, sowie zwei Sanitärzellen. Ja, in materieller Hinsicht war alles da, doch es fehlte an Wärme und Gemütlichkeit.

Über dem kleinen Gaskocher trockneten wir Schuhe und Strümpfe und schon bald erschienen mit viel Gepolter drei Männer die scheinbar unsere Zimmergenossen waren. Sie sprachen französisch, schmissen ihre globigen Wanderschuhe in die Ecke und ignorierten uns weitestgehend. Während wir, in der Ecke sitzend, unseren Proviant verzehrten, saß einer von ihnen auf der Tischkante und lamentierte lautstark mit den anderen beiden vor der geöffneten Tür, die auf unsere Bitte hin endlich geschlossen wurde. Ansonsten hatten wir nicht viel miteinander zutun. Irgendwann waren sie weg und wir saßen alleine an dem hölzernen Tisch.

Unser kleines Hotel in Le Pont-de-Montvert über dem Tarn

Wunderschöne Heidelandschaft vor Cassagnas

Plötzlich öffnete sich abermals die Eingangstür mit einem Ruck und eine Person mit wehendem tropfnassem Regenmantel trat ein. Es war Anton, der über Florac bis hierher fast vierzig Kilometer zurückgelegt hatte! Er schien fix und fertig zu sein und steuerte nach einer knappen Begrüßung sofort die Duschkabine an.

Wir gingen in den Schlafraum, als alle anderen schon in ihren Betten lagen. Und weil es uns hier nicht gefiel, schmiedeten wir einen Plan. Außer unserem Waschzeug hatten wir alles wahllos zurück in die Rucksäcke gestopft, um in aller Frühe die Herberge verlassen zu können.

9. Tag Gare de Cassagnas –
Saint-Étienne-Vallée-Francaise 28 km

Nach einer verschnarchten und sauerstoffarmen Nacht schlichen wir sehr zeitig und fast lautlos mit unserem gesamten Hab und Gut aus dem Schlafraum. Bloß weg von hier! Ein Stück trockenes Baguette sowie eine Tasse Kaffee mussten erstmal reichen, um die nächsten Stunden zu überstehen.

Es war noch weit vor sieben Uhr, als wir aufbrachen. Steil bergauf führte der Weg uns aus dem dunklen, feuchten Tal heraus. Der Boden war noch nass und zwischen den Bergen aufsteigende Nebelschwaden schränkten die Sicht ein, was aber auch besseres Wetter prophezeite. Greifbar nah brachen im Dunst gefangene, kräftige Sonnenstrahlen zwischen den Ästen der Bäume hervor und versprühten einen einzigartigen Zauber. Wir konnten uns gar nicht satt sehen, bis ein winzig kleiner Käfer uns von dem Naturschauspiel ablenkte.

»Oooch guck mal, siehst du den Käfer?«, fragte mich Jens begeistert und holte eilig seine Kamera hervor.

»Ist der aber schön! So einen hab ich noch nie gesehen, den muss ich auch fotografieren.«

Dem etwa drei Zentimeter langen Käfer behagte es so gar nicht, im Mittelpunkt zu stehen und flink bewegte er seine winzigen Beinchen, um zu fliehen, während wir in gebückter Haltung mit unseren Kameras hinter ihm her rannten. Dieses kleine Lebewesen mit rotgold schimmernden Panzer hatte uns völlig aus dem Konzept gebracht.

Die Cévennen hatten es in sich! Umgeben von den gewaltigen Höhenzügen ging es stetig bergauf und wieder bergab. Die Beschaffenheit der

Wege war überwiegend schlecht und stellenweise waren sie durch den vorausgegangenen Starkregen verschüttet, sodass wir klettern mussten. Das Unwetter hatte sichtlich viel Schaden angerichtet. Aus kleinen Bächlein wurden überströmende Flüsse und einige der Wanderwege endeten plötzlich vor unüberwindbaren Geröllmassen. Zu allem Überfluss kam ich in einem abschüssigen Hohlweg auf feuchten Steinen ins Rutschen und konnte mich nicht mehr halten. Da lag ich nun mit meinem schweren Rucksack wie ein Maikäfer auf der Seite und kam nicht sofort hoch. Jens, der vor mir lief, wurde von meinem Schreckensruf alarmiert und rannte zurück, um mir beim Aufstehen zu helfen.

Wir beschlossen, dass Jens vorauseilen sollte, um vor Ladenschließzeit den nächsten Ort zu erreichen. Wir hatten Hunger und es war die einzige Möglichkeit, im Tagesverlauf an etwas Proviant zu kommen.

Leider artete dies wieder einmal zu ungewollter Hetzerei aus, doch was sollten wir tun? Wir mussten uns ja irgendwie verpflegen, diese Gegend war dünn besiedelt und Geschäfte rar.

Nachdem ich wieder aufrecht stand, lief Jens im Eilschritt los und schon bald sah ich ihn als kleinen Punkt entschwinden. Ich war allein auf weiter Flur. Tief durchatmend verharrte ich ein paar Augenblicke und fixierte die gegenüberliegenden, majestätisch über dem Tal thronenden Berge. Überwältigt von der rauen Schönheit um mich herum, setze ich mich auf einen Stein und verharrte einen Moment. So anstrengend und anspruchsvoll, wie das alles auch war, so sehr zog mich dieser wilde Gebirgszug in seinen Bann.

Vorsichtig arbeitete ich mich auf gerölligen, endlosen scheinenden Wegen hinab nach Saint-Germain-de-Calberte, stets hochkonzentriert auf meine Füße blickend, um ja nicht wieder auszurutschen.

Etwa eine halbe Stunde später saßen wir auf der Bank eines Kinderspielplatzes im Schatten hoher Bäume und verzehrten gierig das kärgliche Mittagessen. Viel hatte der winzige Laden nicht hergegeben, doch reichte es, um satt zu werden.

»Weißt du, was mir gerade einfällt?«, fragte ich Jens während wir weiterliefen.

»Was?«

»Wir haben ja gar keine Adressen getauscht mit Marylou!«

»Die Deutschlehrerin. Warum bloß machen wir jedes Mal den gleichen Fehler, das ist so schade!«

»Ja, wir hätten sie mal nach Deutschland einladen können … Sie wollte da schon immer mal hin, erzählte sie. Aber vielleicht treffen wir sie ja noch!«, sprach ich voller Hoffnung.

»Ich glaube, sie wollte nur bis nach Saint-Jean-du-Gard laufen.«, gab Jens zu bedenken.

»Oder wir treffen jemanden anders von der Truppe …«

» …der ihre Telefonnummer hat.«

So sinnierten wir noch eine Weile und stiegen dabei immer weiter hinab ins Tal.

Da unser Tagesziel Saint-Étienne-Vallée-Francaise nur noch ein paar Kilometer entfernt war, die Sonne schien und wir die letzte Nacht kaum geschlafen hatten, kam uns die Wiese links am Wegesrand gerade recht. Zeit für eine Pause! Es war noch nicht mal fünfzehn Uhr und die Unterkunft auf dem Campingplatz hatten wir am Abend vorher schon klargemacht. Erschöpft sanken wir auf unsere ausgebreiteten Isomatten und genossen die Stille, untermalt vom Summen der Insekten.

Als irgendwann ein winziger Käfer permanent versuchte, in eines meiner Nasenlöcher zu krabbeln, war es vorbei mit der Ruhe und wir nahmen dies zum Anlass, um weiterzugehen.

Aus Wegen wurden Straßen, die uns zum Ziel führen sollten. Wir wurden von einer riesigen Ziegenherde überholt. Die meisten der Tiere liefen laut meckernd im Gänsemarsch am Straßenrand entlang, nur einzelne scherten zur Seite aus und einige balancierten sogar auf einem niedrigen Mäuerchen. Doch der Hütehund hatte alles voll im Griff. Wie ein kleiner Gummiball sprang er um die Truppe herum und wies seine Zöglinge mit eindringlichem Bellen zurecht.

Noch immer kein Ziel in Sicht!

Eine endlos wirkende, geradeaus führende Straße lag vor uns, die Sonne brannte und die Füße schmerzten. Wir hatten Durst und für diesen Tag definitiv die Nase voll vom Laufen.

Endlich das Ortseingangsschild! Nun konnte es nicht mehr weit sein. Unsere Karte, sowie die Wegweisertafel waren nicht gerade sehr aussagekräftig, deshalb bogen wir nach rechts ab, wo wir das Zentrum von Saint-Étienne-Vallée-Francaise vermuteten.

»Wo sind denn hier die Läden?«, fragte ich Jens. Der war genauso ratlos und entgegnete: »Hier sieht es aus wie in einer Wohnsiedlung.«

Irgendwann ging es nicht mehr weiter und ein Drahtzaun versperrte uns den Weg. Auch wenn wir es nicht wahrhaben wollten, mussten wir ärgerlich feststellen, dass wir uns verlaufen hatten. Beide hätten wir heulen können und standen erstmal resigniert herum.

Als ein Auto langsam den Plattenweg entlang fuhr, fragten wir den Fahrer nach dem Weg, doch redeten wir irgendwie aneinander vorbei. Frustriert gingen wir zurück zur Straße, um erneut völlig konfus auf die Wegweiser zu starren. Die aus der gegenüberliegenden Tankstelle kommende Frau war sehr nett und konnte uns schließlich weiterhelfen.

Wir querten rechterhand die kleine Brücke über den Gardon du Mialet und stiegen durch mittelalterliche Gässchen zum Zentrum von Saint-Étienne-Vallée-Francaise empor.

In diesem liebenswert wirkenden Ort herrschte an diesem Montagnachmittag ein quirliges Treiben. Wir liefen die von Kastanienbäumen gesäumte Straße entlang und hielten dabei Ausschau nach einem Hinweis auf unsere Unterkunft. Aus dem am Straßenrand wartenden Schulbus stiegen Kinder verschiedenster Altersklassen und strömten grüppchenweise, fröhlich miteinander schwatzend, in alle Richtungen.

Fast am Ende der Hauptstraße fanden wir linkerhand einen kleinen Supermarkt, in dem wir einen regelrechten Großeinkauf tätigten. Äußerst hungrig und durstig konnten wir den lockenden Versuchungen nicht widerstehen und überdies hatten wir ja auch vor, an diesem Abend zu kochen.

»Lass uns kurz ausruhen, da vorne steht eine Bank. Ich kann nicht mehr.«, hörte ich Jens noch sagen, bevor er meinem Blickfeld entschwand.

»Eigentlich müssten wir doch gleich zum Campingplatz kommen …«, überlegte ich laut, als ich besagte Bank erreichte.

Dort saßen wir nun im Schatten der großen Kastanie, gefangen vom lebhaften Flair dieser Stadt.

»Lass uns weitergehen, ich will endlich ankommen! Es ist so heiß!!«

»Ja, ich auch! Es kann nicht mehr weit sein!«

Tatsächlich zeigte sich die Sonne noch immer mit aller Kraft. Schwer bepackt und schwitzend standen wir am Ortsausgang vor der Frage, ob wir links oder rechts herum gehen sollten, denn der Campingplatz wurde in beide Richtungen ausgewiesen. Was sonst noch so auf den Schildern geschrieben stand, konnten wir leider nicht übersetzen. Also entschieden wir, rechterhand durch das Wäldchen zu schwenken, hinter welchem wir den Campingplatz vermuteten. Bestimmt würde die links abzweigende Straße sich endlos schlängeln.

Was für eine Entscheidung!

Stetig führte der Weg bergauf, ohne dass wir unser Ziel entdecken konnten. Vielleicht hinter der Kurve? Oh nein, es kam schlimmer! Zwischen struppigen Sträuchern und Felsbrocken führte ein halsbrecherischer steiniger Pfad ziemlich steil abwärts. Während Jens ächzend voranschritt, tastete ich mich mit großem Abstand laut schimpfend und fluchend auf dem Geröll hinterher.

»Da schicken die uns mit unseren Einkäufen hier lang!«, zischte ich ärgerlich.

Endlich war eine Straße in Sicht, auf die wir uns schließlich zwischen Baumstämmen hinunterhangelten. Auf genau dieser Straße hätten wir unser Ziel ebenfalls erreichen können, wären wir links herum gelaufen. Nach etwa fünfhundert Metern erreichten wir den am Fluss gelegenen, ein wenig verwaist wirkenden Campingplatz. Unkompliziert konnten wir uns anmelden und die Besitzerin, deren zotteliger Hund uns interessiert betrachtete, half uns mit Gewürzen zum Kochen aus.

Der Bungalow war hell und geräumig. In Sekundenschnelle hatten wir abgelegt und all unsere Sachen überall gleichmäßig verteilt, sodass von Ordnung keine Spur blieb. Nach den pilgerüblichen Verrichtungen machte ich mich dran, aus den erstandenen Zutaten ein Mahl zu zaubern, während Jens den Platz erkundete. Ich inspizierte die Küchenschränke, legte alle Zutaten bereit und genoss den besinnlichen Moment alleine mit mir.

Die feuchte Wäsche auf dem metallenen Wäscheständer vor der Tür bewegte sich kaum spürbar im Wind und in der gusseisernen Kasserolle auf dem Gasherd blubberte schon bald die eigenwillig kreierte Soße vor sich hin. Daneben stand ein Pappkarton mit Rotwein, welcher zum Kochen wie auch zum Trinken gedacht war. Ich nahm einen großen Schluck aus meinem Glas, während ich gedankenverloren die Soße umrührte und durch die Terassentür nach draußen sah.

Es wurde ein gemütlicher Abend, an dem Jens sich jedoch beizeiten erschöpft zurückzog, während ich meinem Tagebuch noch sehr viel anzuvertrauen hatte.

10. Tag Saint-Étienne-Vallée-Francaise – Mialet 26 km

Irgendwie kamen wir an diesem Morgen nicht so richtig in Tritt und demzufolge erst gegen zehn Uhr los. Der Himmel war grau und alles ringsumher wirkte düster. Für den Abend hatten wir aus unerfindlichen Gründen noch keine Bleibe organisiert, doch hofften wir, im Tourismusbüro von Saint-Jean-du-Gard etwas vermittelt zu bekommen. Gleich hinter dem Campingplatz ging es zur Sache. Unentwegt stiegen wir auf schmalen Pfaden, über gewaltige Schieferplatten und moosige Waldwege steil empor auf den sechshundert Meter hohen *Col de Saint-Pierre*. Mittlerweile hatte es begonnen, kaum merklich zu nieseln.

Oben angekommen an jener Stelle, wo Wanderweg und Straße sich kreuzen, überquerten wir die D 260 und steuerten die kleine Schutzhütte auf der gegenüberliegenden Straßenseite an. Dort verharrten wir eine Weile und diskutierten unschlüssig über unseren weiteren Wegeverlauf. Es gab zwei Möglichkeiten.

Der Stevensonweg würde ein paar Meter weiter von der Straße abzweigen und auf schmalen, sehr steilen Pfaden hinab ins Tal führen. Die Wege waren schon jetzt feucht und da ich weder schwindelfrei noch trittsicher bin, befürchteten wir, dass ich Stunden für den Abstieg brauchen würde.

Die zweite Möglichkeit bestand darin, der Straße zu folgen, damit zwar einen vier Kilometer langen Umweg in Kauf zu nehmen, doch letztendlich sicherer voranzukommen.

Robert Louis Stevenson schrieb einst:

Es war ein langer Abstieg nach Saint-Jean-du-Gard, und wir begegneten niemandem außer einem Fuhrmann, der von weitem am Schimmern

des Mondes auf seiner verlöschenden Laterne zu sehen war. Vor zehn Uhr
waren wir am Ziel und beim Abendbrot; 15 Meilen und ein beachtlicher
Hügel in wenig mehr als sechs Stunden.

Genau auf jenem steilen Pfad hatte sich seinerzeit Stevensons Eselin Modestine während des Abstieges so stark verletzt, dass sie ab dem Zeitpunkt
reiseuntauglich war und Stevenson den Rest seiner Reise per Postkutsche
zurücklegen musste.

Wir entschieden uns für die zweite Variante, sattelten die Rucksäcke auf
und traten auf die Straße. *Stirni* kam uns freundlich grüßend entgegen,
sowie die beiden Österreicher, die wir bereits auf dem Campingplatz trafen. Alle verschwanden zielsicher an der Abstiegstelle gleich hinter dem
Wegweiser.

Unbeirrt folgten wir der D 260 in hohem Lauftempo, passierten unzählige Serpentinen, wichen an Engstellen entgegenkommenden Fahrzeugen
aus und stießen etwa zwei Kilometer vor Saint-Jean-du-Gard wieder auf
den offiziellen Wanderweg.

»Die sind ja auch noch nicht weiter!«, staunte ich, als wir einige der
anderen vor uns erblickten.

»Sieht so aus, als wäre der Abstieg wirklich schwierig gewesen!«

»Ja bestimmt. Wir wären mit Sicherheit längst noch nicht unten.«

»Wir haben alles richtig gemacht!«

Wir folgten längere Zeit dem Fluss *Gardon,* der fröhlich vor sich hin
plätscherte und überquerten diesen schließlich mittels einer Brücke. Dort
scharten sich eine ganze Menge Wanderer, unter ihnen auch Pierre und
Ariane, die fröhlich zu uns herüberwinkten. Immer wieder trafen wir
auch die Österreicher sowie *Stirni.* Der Weg führte weiter entlang des
Gardon und wir waren sehr gespannt auf die Stadt, in der Stevensons
Reise einst endete.

In der Zwischenzeit war der Regen stärker geworden und wir hatten
uns in Regenkleidung gehüllt, was bedeutete, dass Jens in seinem »Desi-

gner-Müllsack« steckte, während ich mit meinem monströsen Umhang nebenher schritt.

Nochmals gingen wir über eine Brücke und erreichten die ersten Häuser von Saint-Jean-du-Gard. Aufgrund des Wetters wirkte alles trist und grau und wir hatten Eile, die Touristinformation zu finden. Als wir an einem Eckcafé vorbeiliefen, staunten wir nicht schlecht über das, was wir durch die riesengroße Glasscheibe hindurch erblickten. An einem runden Tisch waren sämtliche Wanderer und Weggefährten versammelt. Wir erkannten außer *Stirni*, Pierre und Ariane, noch mehrere bekannte Gesichter. Nur Marylou war nicht zu sehen.

Als wir eintraten, wanderten sämtliche Blicke zu uns und wir wurden gebeten, Platz zu nehmen. Leise Musik drang aus Richtung Theke zu uns herüber, Rucksäcke lehnten in den Ecken und auf dem Tisch standen leere Kaffeetassen herum. Mittels Wörterbuch konnten wir uns nur mäßig verständigen und wir erfuhren, dass ein paar unserer Weggenossen auf eine Taxe warteten, welche sie auf den *Col d' Uglas* bringen sollte. Dort hatten sie eine Unterkunft reserviert.

Wir freuten uns, alle zu sehen, denn dies würde sicher das letzte Mal sein. Als wir nach Marylou fragten, setzten wir etwas in Gang, was wir bei den Franzosen schon öfter beobachtet hatten. Deren Hilfsbereitschaft kannte keine Grenzen, alle waren involviert und bestrebt, zu helfen. Eine allgemeine Unruhe entstand, es wurde diskutiert, Handys gezückt und Pierre telefonierte überall herum, um eventuell Marylous Nummer aufzutreiben. Ohne Erfolg! Wir waren ein wenig traurig und dankbar zugleich. Und wieder war es uns unangenehm, nicht imstande zu sein, ein richtiges Gespräch in der Landessprache führen zu können.

Nichtsdestotrotz brauchten wir eine Unterkunft.

In der vermeintlichen Touristinformation redeten wir in französisch-spanischem Kauderwelsch auf die pikiert blickende Dame ein, was dieser einen genervten Gesichtsausdruck entlockte! Sie konnte uns nicht helfen, denn wir waren im Rathaus gelandet. Tatsächlich betraten wir paar Minuten später durch eine gläserne Tür das *Office de Tourisme*. Mitten in dem großen Raum stehend, erkoren wir uns eine Zielperson aus und legten passende Formulierungen zurecht.

»Nous sommes pelerins et cherchons deux lits …«

(»Wir sind Pilger und suchen zwei Betten …«)

Die auserwählte Mitarbeiterin unterbrach uns, da sie nichts verstand, sodass wir uns letztendlich auf Spanisch unterhielten. Irgendwann waren sämtliche anwesende Kunden, sowie die zweite Dame hinter dem Tresen aktiv in unsere Unterkunftssuche eingebunden und alle plauderten irgendwie durcheinander. Aufatmend standen wir eine halbe Stunde später vor der Tür des Tourismusbüros. Wir hatten ein Quartier vermittelt bekommen und hinterließen dafür genervte Mitmenschen.

Wir mussten nun das etwa neun Kilometer entfernte Mialet erreichen, wo wir in einem Chambre d'hôtes, also bei Privatpersonen, nächtigen würden. Sämtliche Campingplätze waren zu diesem Zeitpunkt schon geschlossen, doch zelten wäre aufgrund des Wetters sowieso nicht infrage gekommen, ebenso wenig wie kostspielige Hotels. Nach einer kurzen Mittagspause unter dem Vordach eines Hauses nahmen wir den weiteren Weg in Angriff. Das hieß, noch mal zwei Stunden marschieren! Ich hatte keine Lust mehr und wollte auch keine Berge mehr besteigen!! Doch Fehlanzeige, denn es ging stetig bergauf und es regnete weiter …

Selbst Jens, dem selten etwas zuviel wurde, sprach in eindringlichem Tonfall: »Ich kann langsam keine Berge mehr sehen!«

Streckenweise liefen wir auf der Straße, verirrten uns mehrfach und quälten uns, noch immer in Regengewänder gehüllt, über melonengroße Gesteinsbrocken auf sogenannten Camisardenwegen wieder abwärts. Was für ein Wahnsinn!

Camisarden sind Protestanten aus dem 16.Jahrhundert (siehe Nachwort).

Durchnässt und völlig fertig erreichten wir gegen achtzehn Uhr den kleinen Ort Mialet. Gleich das erste Haus am Ortseingang sollte unser Ziel sein, jedoch fanden wir keine Tür.

»Vielleicht gibt es ja einen Hintereingang ...«, mutmaßte Jens und suchend umrundeten wir das Gebäude.

»Es kann nur hier sein, was anderes sehe ich nicht.«, sagte ich zuversichtlich, während Jens bereits auf den Klingelknopf drückte.

Eine Frau schaute aus dem Fenster, die Tür wurde geöffnet und im Handumdrehen standen wir in einem düsteren und rumpeligen Hausflur. Sofort wurden wir von mehreren Leute umringt, die gleichzeitig und lautstark auf uns einredeten. Irgendwie waren wir wohl falsch! Nur minimal konnten wir uns verständigen, doch scheinbar dachten die Leute, wir wären Pilzsammler. Eine Frau in Jogginghose sprang barfuss die Treppe herunter und fragte, ob wir ein Bier trinken wollten. Nein, das war ja nett, aber doch jetzt nicht! Zwei halbwüchsige Kinder feixten, das Mädchen versuchte dann krampfhaft, mir auf ihrem Smartphone etwas zu erklären und alle lamentierten durcheinander. Alle wollten helfen, alles war in Aufruhr und wir dem Verzweifeln nahe!

Unser Gastgeber, wie auch immer er von unserer Ankunft erfahren hatte, kam um die Ecke, wechselte ein paar freundlich klingende Worte mit den Leuten und brachte uns zu unserer Bleibe.

Der Eingang war doch an der Straße, ein Tor in der Mauer.

Gleich im Regenschutz-Müllsack und Badelatschen sauste Jens derweil noch mal los, um im ortsansässigen Laden ein paar Kleinigkeiten einzukaufen. Noch immer regnete es, aber das war uns egal, denn die Unterkunft war einfach Spitze. Der holzgetäfelte Raum, klein und spartanisch eingerichtet mit angrenzendem Badezimmer, war urgemütlich. Es fehlte an nichts. Wir kamen aus dem Staunen nicht heraus, als der Hausherr uns in die untere Etage führte, wo sich eine große Küche mit Esstisch befand – und das alles für Gäste.

Noch am gleichen Abend beschlossen wir, einen Ruhetag in Mialet einzulegen, falls das Wetter nicht besser werden würde.

11. Tag Ruhetag in Mialet

Es regnete noch immer.

»Wir sollten fragen, ob Gäste für heute angemeldet sind. Wenn nicht, können wir bestimmt bleiben.«, schlug Jens vor.

»Der Ruhetag ist ja auch eh schon fällig.«, setzte ich zustimmend die Überlegungen fort.

»Ich würde mir gern Saint-Jean-du-Gard genauer ansehen, vielleicht können wir uns ja Schirme ausleihen.«

»Was heißt Schirm auf Französisch??«

»Warte.«, sagte Jens. »Das steht sicher im Wörterbuch.«

»P-a-r-a-p-l-u-i-e«, lasen wir beide kurz darauf laut vor.

Ausgesprochen klang es wunderhübsch »Parablü«, was natürlich erneut Gelächter hervorrief.

In der Küche lag ein frisches Baguette für uns bereit, es gab mehrere Sorten köstlicher selbstbereiteter Marmelade und auch sonst war alles im Überfluss vorhanden. Unser Gastgeber hatte nichts dagegen, dass wir einen weiteren Tag blieben, denn es hatte noch niemand reserviert. Er war von Beruf Russischlehrer, sehr hilfsbereit und verstand uns recht gut. Die beiden in der Ecke stehenden Regenschirme durften wir benutzen.

Da ein Schulbus nach Saint-Jean-du-Gard fahren sollte, war alles geklärt. Wir waren schon eine ganze Weile unterwegs, als der Bus anhielt und etliche Schulkinder aussteigen ließ. Zeitgleich sprang Jens auf. »Ich habe gerade das Ortseingangsschild gesehen, wir müssen raus.«, sprach er und eilte hastig zur Tür. Ich natürlich hinterher. Unschlüssig standen wir am Straßenrand.

»Das sieht aber nicht aus wie das Zentrum. Hier ist nur die Schule, wir müssen doch noch weiter.«, stellten wir fest und rannten zur Vordertür des Busses, welcher gerade losfahren wollte. Mahnend sah der Fahrer uns an, als er bereitwillig die Tür nochmals für uns öffnete.

Als erstes steuerten wir, wie bereits am Vortag, die Touristinformation an, um eine Unterkunft für den nächsten Abend in Alès klarzumachen.
Sichtlich erleichtert atmete die Dame an der Rezeption auf, als wir uns zwanzig Minuten später verabschiedeten. Wir schlenderten mit den »*Parablü's*« durch die Straßen, sahen uns sämtliche markante Brücken und Bauwerke dieser Stadt an und machten letztendlich noch einen Schaufensterbummel. Neben den Einheimischen waren auch wieder viele Wanderer unterwegs. Es war ein wunderschöner Tag!

Die südfranzösische Gemeinde Saint-Jean-du-Gard besitzt in etwa 2.800 Einwohner und befindet sich am Rande der Cévennen. Es gibt zahlreiche Geschäfte, ein paar Restaurants, etliche Gästezimmer sowie ähnliche Unterkünfte, die jedoch frühzeitig gebucht werden sollten.
Der Bekanntheitsgrad von Saint-Jean-du-Gard stieg durch Robert Louis Stevensons Reise.

»Wir bräuchten irgendwie noch ein bisschen Kartenmaterial für den weiteren Weg. Unser Reiseführer endet ja hier ...«, grübelte Jens.
»Du willst doch jetzt nicht etwa noch mal in die Touristinformation!?« erwiderte ich entsetzt.
Fünf Minuten später standen wir abermals in dem uns vertrauten Raum. Natürlich wurden wir auch diesmal gut beraten, doch ganz bestimmt dachte die Dame das Gleiche wie wir. »Hoffentlich ist es das letzte Mal!«
Wenigstens hatten wir nun eine Karte, mit der wir bis nach Alès gelangen würden. Und ab dort würde uns der Pilgerführer vom Regordandweg weiterhelfen.

Gegen Mittag beschlossen wir, zurückzufahren nach Mialet. An der Bushaltestelle tummelten sich bereits jede Menge Menschen, darunter einige Schulkinder und viele Wanderer. Ein paar von ihnen kannten wir schon vom Sehen. Um höflich zu sein, verwickelte Jens eine Dame mittleren Alters, die gerade die Fotos auf ihrer Kamera anschaute, in ein Gespräch. Er fragte sie nach dem weiteren Weg und ob dieser Bus denn wirklich nach Mialet fahren würde. Und wieder entfaltete sich ein ungeahnter Ablauf. Die Dame interpretierte dies falsch und begann, hektisch auf ihrem Smartphone herumzutippen. Sie sprach ein paar Jugendliche an, die sogleich eifrig diskutierten und immer wieder zu uns herübersahen. Minuten später hatte sich eine ganze Traube von Menschen um uns herum gebildet, die damit beschäftigt waren, die richtige Buslinie sowie den weiteren Weg für uns herauszufinden, da wir vermeintlich sonst aufgeschmissen waren. Die ursprüngliche Situation hatte sich gewandelt und einen erstaunlichen Selbstlauf übernommen. Es wurde lauthals diskutiert und immer mehr Personen kamen hinzu.

Dennoch erreichten wir wohlbehalten unser Ziel und sehnten uns nach einem ruhigen Nachmittag. Einzig und allein das beschauliche Dörfchen Mialet hatten wir noch vor zu besichtigen. Und es lohnte sich.

Die kleine Gemeinde Mialet liegt direkt an einem der vier Zuflüsse des Gardon, dem *Gardon de Mialet* und verzeichnet etwas mehr als 600 Einwohner. Erwähnenswert sind die urigen, aus Naturstein gebauten Häuser im gesamten Ort.

12. Tag Mialet – Alès 20 km

Auch an diesem Morgen regnete es, doch unsere Weiterreise war unaufschiebbar. Während des Frühstücks studierten wir ausgiebig das Kartenmaterial und mithilfe einiger Empfehlungen unseres netten Gastgebers konnten wir so in etwa den Weg nach Alès planen.

In voller Montur saßen wir auf dem Rande des Bettes, schauten durch das winzige Fenster nach draußen und beobachteten, wie es still vor sich hin plätscherte. Unsere gepackten Rucksäcke standen neben der Tür bereit und die »*Parablü's*« warteten an der Garderobe schon auf die nächsten Gäste. Dicke Nebelschwaden bildeten sich und stiegen langsam aus den Bergen empor, was uns hoffen ließ ….

Gegen neun Uhr ging es los. Kaum spürbarer Nieselregen begleitete uns aus Mialet heraus. Ein parallel zur Straße verlaufender Weg führte zu einer steinernen Brücke, auf der wir einen Bach überquerten. Ab da ging es bergauf. Anfangs war der Weg recht schwierig, da wir auf den nassen Steinen und Schieferplatten immer wieder ausrutschten. Der graue Himmel wirkte bedrohlich und ließ uns ein hohes Lauftempo an den Tag legen.

Von der Dame aus der Touristinformation hatten wir einen Ausdruck bekommen mit zwei eingezeichneten Varianten. Die eine führte am Berg außen herum auf angeblich bequemen Wegen, größtenteils durch Wald und war auch mit Eseln begehbar, jedoch ohne Ausblicke. Doch ob das mit den bequemen Wegen wirklich stimmte? So entschieden wir uns für die zweite Variante über den *d'Uglas*, welche keinesfalls mit Esel begehbar war, doch auch nicht explizit als gefährlich beschrieben wurde. Wir hatten ja keinen Esel und schlimmer würde der Weg bestimmt nicht werden. Wir waren sicher, die richtige Entscheidung getroffen zu haben.

Der leichte Wind, welcher uns schon die ganze Zeit begleitete, wurde stärker und riss nach und nach zu unserer Freude die graue Wolkendecke auf. Durch die Lücken hindurch blitzte es leuchtend blau und einzelnen vorwitzigen Sonnenstrahlen gelang es, bis zu uns durchzudringen. Wir liefen nun auf breiteren Forstwegen und schauten von oben herab auf die mächtigen Bergketten der Cévennen, die wir bald verlassen würden. Ein bisschen Wehmut schlich sich ein und, obwohl wir irgendwie dieses auf und ab mächtig satt hatten, waren wir doch immer wieder gefangen vom Reiz dieses einzigartigen Gebirges. Aus dem Wind wurde ein regelrechter Sturm, der die Bäume nach allen Seiten bog und uns gewaltig um die Ohren pfiff, sodass wir die eigenen Worte kaum noch verstanden. Bald würden wir Alès erreichen und von da aus dem Régordaneweg folgen.

Wir gingen immer geradeaus und stiegen hinter einem Wegweiser über einen kleinen gerölligen Hang in ein Wäldchen empor. Der Weg wurde sehr schmal und sollte sich, laut Karte, weiter an der Felskante entlang schlängeln. Zum Glück jedoch wurde der Blick in die Tiefe durch Gestrüpp und knorrige Bäume verdeckt, denn ansonsten wäre dies für mich zu einem echten Problem geworden. Wir kamen gut voran. Der Wald hatte etwas Mystisches an sich, Astgabeln wirkten wie Fangarme und das Rauschen des Windes glich einer geheimnisvollen Melodie. Vereinzelt standen Erdbeerbäume am Weg, von dessen wohlschmeckenden Früchten wir kaum welche abbekamen, da diese sehr hoch hingen.

Erdbeerbäume zählen zu den Heidekrautgewächsen und sind vorwiegend im Mittelmeerraum oder auch in Mittelamerika zu finden. Doch handelt es sich hierbei um richtige Bäume. Die kleinen Früchte haben zwar nichts mit Erdbeeren zutun, sehen aber ähnlich aus, sind essbar und schmecken richtig gut.

Der Pfad führte aus dem Wald heraus und wir gingen auf den abgrenzenden, felsigen Abhang zu. Auf einer Felskante saßen zwei Männer mit Rucksäcken, die gerade picknickten und in die Ferne schauten. Wir befanden uns in schwindelerregender Höhe, nutzten jedoch die kleine Pause, um ebenfalls etwas zu essen. Mittlerweile strahlte die Sonne mit aller Kraft und nur wenige Wolken waren noch zu sehen. Jens saß vorne in der Nähe der Männer, während ich mich etwas im Hintergrund hielt, um keinesfalls in die Tiefe schauen zu müssen. Immer wieder sah ich mich um und überlegte, wo denn bloß der Weg weitergehen würde.

»Was denkst du, wo wir weiterlaufen müssen? Ich sehe gar keinen Weg mehr …«, fragte ich schließlich Jens.

Der war gerade mit Fotografieren beschäftigt und entgegnete lapidar: »Den werden wir schon finden …«

Ich schloss die Augen, um ein paar Augenblicke der Realität zu entfliehen und drehte den Kopf in Richtung Sonne, die wohltuend mit ihren wärmenden Strahlen mein Gesicht streichelte. »Zum Glück gehen wir durch den Wald …«, dachte ich so bei mir – nichtsahnend.

Die beiden Männer hatten derweil zusammengepackt und begaben sich zu einem der vorstehenden Felsen. Doch weder fotografierten sie, noch kamen sie zurück. Nein, sie kamen nicht wieder. Nein!! Ich begriff noch immer nicht, als einer der beiden begann, hinunterzuklettern.

»Warum machen die das? Wieso klettern die da hinunter und nehmen nicht den richtigen Weg??«

Jens trat nach vorn, sah lange auf die Stelle, an der beide Männer verschwanden und drehte sich mit zerknirschtem Gesichtsausdruck zu mir herum.

»Das ist der Weg.«

»Nein!!«, entfuhr es mir sogleich. »Nein, das glaube ich nicht! Hier geht es weiter.« Ich deutete auf das Gewirr von Gestrüpp und Bäumen hinter mir. Ich wollte es einfach nicht wahrhaben.

»Dort ist die rot-weiße Markierung.«, sagte Jens ganz ruhig und zeigte dabei auf einen Punkt in der Tiefe.

»Was machen wir denn jetzt bloß?«, jammerte ich.

»Wir müssen hier hinunter, eine andere Möglichkeit gibt es nicht.«
Unzählige wirre Gedanken strömten gleichzeitig auf mich ein.

Träumte ich das jetzt? Das konnte doch nicht sein. Die können uns doch nicht den Abhang hier hinunterschicken. Das schaffe ich nicht. Bestimmt stürzen wir ab. Wir kommen nie in Alès an.
Warum zum Teufel muss ich auch hier in den Bergen herum klettern. Das war's jetzt.

Starr vor Schreck und mit Tränen in den Augen fixierte ich die deutliche Markierung auf dem Felsvorsprung.

»Ich nehme deinen Rucksack. Ganz langsam, Stück für Stück schaffen wir das schon.«, versuchte Jens mich zu bekehren.

»Wir kommen hier nicht heil runter.«, murmelte ich überzeugt und in die Tiefe schauend, zogen Bruchteile meines Lebens an mir vorüber.

»Warte hier!«, sagte Jens und hangelte sich geschickt an dem Felsen hinunter, um irgendwo sein Gepäck abzustellen. Als er abermals hochkletterte, reichte ich ihm geistesabwesend meinen Rucksack, mit dem er die gleiche Prozedur wiederholte.

»Komm«, sagte er »Du musst rückwärts einen großen Schritt machen, greife die Wurzel und setze einen Fuß auf die kleine Steinplatte.«

»Ich kann das nicht und ich sehe nichts!«, jammerte ich.

»Dreh dich bloß nicht um! Ich halte dich von hinten fest.«

Mit einem übergroßen Schritt und Jens' Hilfe war ich etwa einen Meter tiefer gelandet. Nun stand ich da, krampfhaft an den Fels geklammert, wie versteinert und traute mich nicht, nach unten zu sehen. Jens, der beide Rucksäcke wieder ein Stück weiter transportiert hatte, kam zurück. Und noch einmal das gleiche Spiel unter Tränen und Gezeter. Irgendwie, ich kann es nicht mehr nachvollziehen, gelangten wir auf einen schmalen Pfad, welchem wir aufrecht gehend und ohne Schwierigkeiten folgen konnten.

Der Blick in die Tiefe wurde nun von dichtem Strauchwerk verdeckt und so arbeiteten wir uns weiter hinab auf steinigen, nicht mehr ganz so steilen Wegen. Noch einmal blickte ich voller Ehrfurcht zurück zu jenem Felsen.

»Danke!«, sagte ich zu Jens. Mehr nicht. Ich war aufgewühlt und noch fehlten mir die Worte für das soeben Erlebte …

Gefangen in Gedanken und mit uns selbst beschäftigt, mussten wir wohl einen Wegweiser übersehen haben. Wir hatten uns verlaufen! Wiedermal! Orientierungslos irrten wir umher und erreichten zwei Stunden später als beabsichtigt Alès.

Die Kreisstadt Alès am südlichen Rande der Cévennen gehört dem Département *Gard* an und verzeichnet um die 40.000 Einwohner. In der Vergangenheit spielte in dieser Region der Kohlebergbau eine große Rolle. Heute ist diese Stadt sehr touristisch eingestellt und richtet die vielfältigsten Veranstaltungen aus.

Hier geht's nach unten

Verlaufen

Wir gingen durch die wenig einladende Vorstadt, bevor wir über eine Brücke in das Zentrum von Alès gelangten. Der dröhnende Straßenlärm und die hektische Betriebsamkeit der Stadt bildeten einen krassen Gegensatz zur unberührten Natur, aus der wir kamen.

Das Zwei-Sterne–Hotel *Durand*, in dem ein Zimmer für uns reserviert war, fanden wir in der Nähe des Bahnhofs. Alles war sehr schlicht gehalten und doch waren wir trotz einiger Mängel zufrieden. Unser Abendessen, welches wir an dem kleinen Tischchen vor dem Fenster einnahmen, bestand wieder einmal aus Käse, Baguette und kaltem Bier.

Etwas später gingen wir noch einmal hinunter zur Rezeption und staunten nicht schlecht, als wir eine uns bekannte Person entdeckten. Mit großem Hallo begrüßten wir Arthur, dem wir kurz vor Pradelles das letzte Mal begegnet waren. Auch er wusste so einiges zu berichten und wir verabredeten uns zum Frühstück für den nächsten Morgen.

Diesen ereignisreichen Tag ließen wir im hotelansässigen, mediterran gestalteten Innenhof ausklingen.

13. Tag Alès – Ners 18 km

Niemals werden wir uns an die Art, wie in den südlichen Ländern die Betten gemacht werden, gewöhnen. Die aus weiten Leinentüchern bestehenden Zudecken werden von allen Seiten straff unter die Matratze geklemmt, sodass man sich wie in einer Zwangsjacke vorkommt. Reißt man das riesige Tuch jedoch heraus, so wie wir es meist tun, flüchtet dieses ständig in sämtliche Richtungen und beschert einen unruhigen Schlaf, so wie letzte Nacht. Doch auch der vergangene Tag hatte seine Spuren hinterlassen.

Schweißgebadet saß ich aufrecht im Bett und sah mich mit verwirrtem Blick um. Nach und nach registrierte ich, dass doch alles ein Traum gewesen war. Noch immer umfassten meine Hände krampfhaft einen Teil des Bettlakens. Keine Berge, kein Esel, keine Gefahr.

Gerade eben hatte ich doch noch versucht, meinen Esel davon abzuhalten, einen steilen Abhang hinunter zu galoppieren. Wir kamen beide auf dem steilen gerölligen, in die Tiefe führenden Pfad ins Rutschen … Ich schrie! Wie verrückt zog ich an der Leine. Auf einmal war aus dem Esel ein Pferd geworden, auf dessen Rücken ich saß, ohne Sattel. Es stand auf einer Felsklippe und versuchte permanent, mich abzuwerfen …

Alles nur ein Traum!

Das Erlebnis am Vortag war das Schlimmste überhaupt für mich und hatte deshalb meine Nachtruhe stark beeinflusst. Nun war uns auch klar, warum davor gewarnt wurde, diesen Weg mit einem Esel zu gehen. Zu gut konnte ich diese sympathischen Vierbeiner verstehen! Ob die genauso wenig schwindelfrei und trittsicher waren wie ich?

So langsam kam ich wieder in der Realität an.

Beim Frühstück erwartete uns die nächste Überraschung. Außer Arthur begrüßte uns auch Phillippe, unser Tischgenosse aus Le Pont-de-Montvert. Es war eine angenehme Runde, die wir beide leider als Erste verlassen mussten, denn wir waren die Einzigen, die den Weg bis Arles fortsetzen würden.

Es war bereits sehr warm, als wir zwischen dem Fluss *Gardon d'Alès* und der Hauptstraße die Stadt verließen. Es würde eine kurze Etappe werden. In dem großen Einkaufszentrum am Rande von Alès erstanden wir Batterien und Ansichtskarten und konnten es kaum erwarten, uns vom Lärm der Stadt zu entfernen. An diesem Tag trafen wir weder Pilger noch Wanderer und nur die wundervolle Natur umgab uns. Da wir nun die Cévennen verlassen hatten, waren somit auch die hohen Berge verschwunden und die Landschaft nahm immer mehr einen mediterranen, äußerst gefälligen Charakter an. Wir liefen im flachen Gelände auf staubigen, steinigen Wegen entlang und stießen auf Zypressen, Oliven- und Gingkobäume. Der Weinanbau in dieser Gegend war stark verbreitet, sodass wir am Rande endloser Weinfelder nicht widerstehen konnten und abwechselnd hinter den mannshohen Rebstöcken, die sich unter der Last blauer, zuckersüßer Beeren bogen, verschwanden. Ebenso lockten zahllose Feigenbäume mit reifen, prallen Früchten. Schon bald erreichten wir das mittelalterliche, charmante Dorf Vézénobres. Wir gingen schmale, kopfsteingepflasterte Gässchen empor und bewunderten die schönen steinernen Häuserfassaden und Torbögen.

Vézénobres, auch die Hauptstadt der Feige genannt, war schon Ende des 12. Jahrhunderts eine markante Anlaufstelle für Pilger auf dem Régordaneweg.

Wir hatten Glück und fanden im unteren Dorfteil noch rechtzeitig einen kleinen Supermarkt, der soeben schließen wollte. Dort holten wir uns nur ein wenig Proviant zum Mittag, denn in Ners, unserem Tagesziel, sollte es eine Épicerie geben. Umweit von Vézénobres pausierten wir und staunten über den wunderschönen Anblick dieses, auf einer Anhöhe liegenden

Dorfes, in dessen Mittelpunkt die Ruine des *Château de Montanègre* aus dem 12.Jahrhundert thronte.

Es war so brütend heiß, dass die Luft zu knistern schien. Auf verwunschenen Pfaden entlang uriger Steinmäuerchen und Obstplantagen erreichten wir am frühen Nachmittag den etwa vier Kilometer entfernten Ort Ners. Dieser befindet sich zwar nicht direkt auf dem Pilgerweg, jedoch hatten wir dort eine Unterkunft reserviert.

Auch hier konnte man noch den Hauch einer längst vergangenen Zeit spüren. Es war ruhig und wir trafen keinen Menschen, lediglich ein wuscheliger Hund schaute von einem Balkon auf uns herab und bellte laut, sodass es zwischen den alten Mauern widerhallte. Vielleicht wollte er aber auch nur die Aufmerksamkeit der kleinen rot getigerten Katze erlangen, die zwischen unseren Füßen herumscharwenzelte. Der Ort schien noch Mittagsruhe zu halten, denn es war totenstill. Leise flüsternd wandelten wir neugierig durch die schmalen Gässchen.

Es trat ein, womit wir nicht gerechnet hatten, die Epicerie in Ners hatte geschlossen. In unserem recht aktuellen Pilgerführer stand davon noch nichts geschrieben, aber das war nun auch egal. In der Hoffnung, von unseren Gastgebern ein paar Lebensmittel abkaufen zu können, klingelten wir an der Tür, die nach einem Moment von Madame Sylvie geöffnet wurde. Sie erwartete uns schon und hatte es eilig, da sie ihren Sohn in Nîmes besuchen wollte. Doch weder Brot noch Getränke hatte sie vorrätig. Sie zeigte uns das Zimmer, in dem wir schlafen sollten und da wir ihr scheinbar leid taten, kam sie ein paar Minuten später mit einem kleinen Tablett zurück. Darauf waren liebevoll etwas Zwieback und ein Stückchen Pastete drapiert sowie zwei kleine eiskalte Biere. Das war natürlich eine unheimlich nette Geste, jedoch würde dies nicht bis zum nächsten Tag reichen. Madame Sylvie zeigte uns alles Notwendige, bevor sie kurz darauf das Haus verließ, um erst spät am Abend zurückzukehren. Gierig stürzten wir uns auf den Imbiss.

Ohne viel Zeit zu verlieren, machte Jens sich noch einmal auf den Weg – zurück nach Vézénobres, um dort einzukaufen.

»Hätten wir bloß eher gewusst, dass hier doch kein Laden mehr existiert …«, bedauerte ich.

»Irgendwie ist das schon irre«, meinte Jens leicht ironisch. »Na egal, es sind ja nur vier Kilometer.«

»Soll ich deine Wäsche mit waschen? Da wärst du wenigstens fertig, wenn du zurück bist.«

»Das ist gut!« Jens warf die schmutzigen Kleidungsstücke auf einen Stuhl und ging zur Tür.

»Ich versuche, zu trampen. In spätestens in zwei Stunden bin ich zurück.«

Unschlüssig saß ich ein paar Minuten auf dem schmalen Doppelbett und schaute mich im Zimmer um. Auf der rustikalen, hölzernen Kommode neben der Tür befand sich ein riesiger Spiegel. Das gefiel mir gut, denn ich mag Spiegel! Von mir aus könnte in jedem Raum einer stehen. Das Arrangement aus Bambusstäbchen an der Wand hinter dem Bett wirkte interessant, aber nicht sehr vertrauenerweckend. Und ich wollte auch gar nicht weiter darüber nachdenken, was sich so alles dahinter verbergen könnte. Sonnenstrahlen drangen durch das geöffnete Fenster und erinnerten mich daran, meine Pilgerverrichtungen zu erledigen.

Geraume Zeit später hing die frisch gewaschene Wäsche auf einer Leine im Hinterhof und wurde vom Wind sanft hin und her geschaukelt. Ich reinigte Tisch und Stühle, stellte diese auf der Terasse auf und entfaltete den überdimensional großen Sonnenschirm. Scheinbar hatte hier schon lange niemand mehr gesessen, doch nun wirkte es so richtig gemütlich. Sinnierend saß ich vor meinem Tagebuch, um zu schreiben, doch ich brachte keinen Buchstaben zu Papier und stattdessen blieben meine Blicke verträumt am tiefblauen Himmel hängen.

Zwei Stunden waren längst vergangen und die Wäsche fast trocken, als Jens mit gefülltem Einkaufsbeutel angehetzt kam. Auf abenteuerliche

Weise hatte er beide Strecken zu Fuß zurücklegen müssen, teilweise auch auf dem Seitenstreifen der Autobahn. Er wollte ein Stück abkürzen und kam irgendwie nicht zurück auf den richtigen Weg.

Gemütlich saßen wir unter dem großen Sonnenschirm, ließen uns ein kaltes Bier schmecken und besprachen die Etappe des folgenden Tages. Wir hatten vor, eventuell bis Russan zu laufen, wo laut Pilgerführer genügend Unterkünfte vorhanden waren, sodass wir es nicht für notwendig erachteten, in irgendeiner Weise vorzubestellen. Und dann war ja auch noch der Campingplatz am Ortsausgang. Theoretisch dürfte nichts schief gehen. Dachten wir zumindest ...

Die Lufttemperatur wurde allmählich angenehm, was wohl auch die Mücken feststellten, denn schon bald belagerten sie in Schwärmen die Terasse. Diese gestreiften Tierchen waren so winzig, dass wir sie erst wahrnahmen, als sie auf Armen, Beinen sowie im Gesicht saßen. Scheinbar fanden sie auch unser teures Superinsektenspray besonders lecker. Eilig packten wir unsere Sachen zusammen und flüchteten ins Haus.

14. Tag Ners – Russan/Vic 25 km(28)

Strahlender Sonnenschein begrüßte uns an diesem Tag. Madame Sylvie hatte ein üppiges Frühstück vorbereitet, bei dem sie uns Gesellschaft leistete. Wir unterhielten uns sehr nett und ausgiebig, was am Vortag etwas zu kurz gekommen war.

Sie lebte alleine in diesem großen Haus, der Mann war zeitig gestorben und die drei Kinder wohnten weit entfernt. Nur auf sich gestellt, war sie nicht in der Lage, die ständig anfallenden Reparaturen in Haus und Hof zu bewältigen, sodass sie immer auf fremde Hilfe angewiesen war. Zwangsläufig konnte nicht alles erhalten werden und einiges verfiel so nach und nach. Ein Schicksal, wie es leider so viele gibt.

Dieser Pilgertag war geprägt von endlosen Weinfeldern, herrlich mediterraner Landschaft mit einem Hauch von Toskana und furchtbar steinigen Wegen. Die Sonne gab ihr Bestes. In dem kleinen Ort Cruviers–Lascours suchten wir den Dorfladen auf, um eiskalte Cola zu erstehen – eine dankbare Abwechslung zum ständig lauwarmen Wasser!

Wir erreichten das lauschige Dorf Brignon, in dem wir uns ein bisschen genauer umschauten. Schön anzusehen waren die Türmchen und steinernen Mäuerchen. Die Wohnhäuser waren mit prächtigem Blumenschmuck versehen und wir entdeckten immer mehr hübsche Details. Dabei verfehlten wir den richtigen Weg hinaus aus dem Ort, was uns einen größeren Umweg bescherte.

Auch die Suche nach einem schattigen Plätzchen blieb ergebnislos, woraufhin wir uns auf Isomatten vor einer Weinplantage platzierten. Dort jedoch hielten wir es nicht sehr lange aus und trotteten weiter, in der Hoffnung, das Tagesziel bald zu erreichen. Aus unerfindlichen Gründen waren wir beide nicht so gut in Form an diesem Tag und obendrein empfanden wir die hohen Temperaturen als belastend. Das Gefühl, es hätte sich alles gegen uns verschworen, verstärkte sich in dem Dorf Saint-Chaptes. Die Menschen, denen wir begegneten, verhielten sich recht auffällig. Sie grüßten nicht zurück, schauten an uns vorbei oder drehten gar ihre Köpfe in die andere Richtung. Na dann eben nicht! Viel schlimmer war, dass sämtliche Wegweiser falsch herum angebracht waren. Waren die hier pilgerfeindlich eingestellt oder was sollte das alles?

Zügigen Schrittes verließen wir den seltsamen Ort und folgten der Landstraße. Schon bald erreichten wir unser Tagesziel Russan. Es blieb noch genügend Zeit, um vor Ladenschließung einzukaufen und in Ruhe eine Unterkunft auszusuchen.

Der Weiler Russan war größer als wir es uns vorgestellt hatten. Auf einem weitläufigen, kreisförmigen, von Platanen gesäumten Platz blieben wir stehen und sahen uns um.

Mediterranes Flair

Glühende Hitze – und kein Schatten!

Vereinzelt waren Bänke aufgestellt, ein paar Halbwüchsige spielten Rugby und vor dem kleinen Imbiss gegenüber saßen zwei Männer an einem kleinen runden Tisch und tranken Bier aus Flaschen. Eine Epicerie suchten wir vergebens und das einzige, was wir während unseres dritten Rundganges entdeckten, war eine Boulangerie, also eine Bäckerei. Diese jedoch war geschlossen und sollte erst zwei Stunden später wieder öffnen.

Ratlos blickten wir uns um.

Nun gut, dann halt doch erst zum Campingplatz.

Nach langer Suche standen wir vor den verschlossenen Toren eines eingezäunten Geländes, welches wir für den Campingplatz hielten. Es sah verdammt einsam aus und weder Zelte noch Wohnwagen waren zu sehen. Nur ein paar aggressiv bellende Hunde rannten vor dem steinernen Gebäude hin und her. An dem großen rostigen Tor war eine Klingel angebracht. Daneben hing ein zerfallener, ebenso rostiger Briefkasten.

»Soll das der Campingplatz sein?«, fragte ich mich laut.

»Er muss es sein, was anderes gibt es hier nicht.«, antwortete Jens mit einem Anflug von Skepsis in der Stimme.

Mehrmals drückten wir auf den Klingelknopf, woraufhin sich nichts tat.

»Die Hunde bewachen sicher den Platz.«, schlussfolgerte ich.

»Doch warum ist denn keiner hier?«

»Scheinbar ist hier zu, obwohl er eigentlich geöffnet sein müsste.«

Vor dem Tor hing ein großes, einladendes Schild, auf welchem stand:

»les Coudières – Camping à la ferme«

Darunter in großen Zahlen zwei Telefonnummern.

Nachdem wir unter beiden Nummern niemanden erreichten, kehrten wir verdrossen in den Ort zurück.

»Na ja, dann gehen wir halt in die Gîte und zur Not bleibt ja noch das Chambres d'hôtes.«, meinte Jens zuversichtlich.

Chambres d'hotes ist eine Unterkunft mit familiären Charakter. Man erhält dort eine separate Schlafstätte und wird nach Absprache verköstigt. Der Preis ist festgelegt.

Wir öffneten ein kleines Eisentor und standen in einem Hof, welcher zur Gîte wie auch zur Kirche gehörte. Auch hier wirkte alles verlassen und der Schein trog nicht. Die Türen waren verschlossen, einen Hinweis fanden wir nirgendwo, sodass wir enttäuscht weiterzogen, um die Straße zu suchen, in der sich das *Chambres d'hôtes* befinden sollte.

Schnell fanden wir diese und klingelten sogleich. Nichts! Auch ein zweites und drittes Mal brachten keinerlei Erfolg. Ratlos setzten wir uns auf die kleine Mauer gegenüber dem Haus und beschlossen, zu warten. Die Zeit verstrich und nichts passierte. Erst jetzt entdeckten wir den weißen Zettel, der am Zaun neben uns mit Kabelbindern befestigt war. Darauf stand eine Mitteilung, die wir leider nicht komplett übersetzen konnten, doch ahnten wir deren Bedeutung. Nach mehreren vergeblichen Versuchen, telefonisch jemanden zu erreichen, liefen wir ziellos durch Russan.

Niedergeschlagen und entkräftet platzierten wir uns eine Stunde später erneut im Hof der Gîte an einem kleinen runden Tisch.

»Wir könnten in der Kirche schlafen.«

»Und wenn die dann zuschließen und wir kommen nicht mehr raus?«

»Ach, denke ich nicht. Ich glaube, ich kann nicht mehr weiterlaufen. Am liebsten würde ich hier sitzen bleiben.

Ich bin fix und alle!«, entgegnete Jens schlapp.

Und tatsächlich schien er, wie auch ich, resigniert und etwas erschöpfter noch zu sein. Die Sonne am wolkenlosen Himmel wirkte lähmend und der Gedanke, in der Kirche eingesperrt zu werden, versetzte mich nicht gerade in Euphorie.

»Weißt du was? Bleib einfach hier sitzen bei unseren Sachen. Ich versuche mal, irgendwo paar Lebensmittel aufzutreiben. Die Boulangerie müsste bald öffnen. Vielleicht gibt es da ja noch was anderes außer Gebäck.«, schlug ich vor, während ich aus meinem Rucksack den kleinen zusammengefalteten Einkaufsbeutel hervorkramte.

Noch immer spielten die Jugendlichen unter den großen Platanen voller Begeisterung mit dem kleinen Ball. Entschlossen bahnte ich mir einen Weg zwischen den parkenden Autos hindurch und fand schnell den Laden wieder, vor dessen Eingang wartend eine Frau mittleren Alters saß.

»Bonjour Madame!«, grüßte ich freundlich und starrte auf das Schild an der Tür. Schon längst müsste geöffnet sein.

»Das ist normal.«, sagte die Frau lächelnd zu mir. »Pünktlich machen die nie auf, ich hoffe, es kommt noch jemand.«

Ich erfuhr, dass sie und ihr Mann mit dem Wohnwagen in Deutschland gestartet waren und ein paar Tage auf einem nahegelegenen Stellplatz campierten. Sie bot mir an, uns ein Stück mit dem Auto mitzunehmen. Leider jedoch war es die falsche Richtung und nützte uns nichts, doch die Hilfsbereitschaft rührte und stärkte mich.

Währenddessen hielt abrupt ein Auto am Straßenrand. Eine kleine, untersetzte Frau sprang eilig heraus und stürmte mit einem riesigen Schlüsselbund in der Hand auf den Laden zu.

In dem kleinen Verkaufsraum standen nur wenige Regale. Es gab unter anderem Brot, Baguette und Getränke, jedoch von all dem nicht sehr viel. Ich erstand ein paar Gebäckteile, den gesamten Inhalt des kleinen Getränkekühlschrankes und eine edle Flasche Rotwein. Zufrieden marschierte ich zurück zur Gîte und registrierte stolz, dass Jens' Augen beim Anblick des prall gefüllten Einkaufsbeutels freudig leuchteten. Wenigstens hatten wir nun Proviant, auch wenn noch immer unklar war, wo wir die Nacht verbringen sollten.

Gegen siebzehn Uhr dreißig verließen wir Russan. Unter anderen Umständen hätten wir den schönen Weg genießen können, jedoch hielten wir nun angestrengt Ausschau nach einem geeigneten Platz für unser Zelt. Da es aber verboten ist, in Frankreich wild zu zelten, wurden wir nicht fündig.

»Es ist alles zu nah am Weg, maximal da vorne hinter der Hecke.«

»Nee, das ist ja fast schon im Wald, das ist mir nachts dann schon etwas unheimlich.«, protestierte ich sofort.

»Die Sonne wird bald untergehen, wir müssen schnellstens was finden.«
Eine halbe Stunde später liefen wir auf ein von Weinfeldern umgebenes
Grundstück zu, in dessen Mitte ein Haus stand.

»Wenn wir fragen, vielleicht dürfen wir ja hier auf der Wiese zelten …«
Gesagt, getan.

Wir begaben uns auf die großräumige, fast steril wirkende Terasse und
während Jens auf den Klingelknopf drückte, betete ich insgeheim, dass
unser Vorhaben gelingen möge.

Die Tür öffnete sich und ein junges Mädchen, fast noch ein Schulkind,
trat heraus und sah uns fragend an.

»Hoffentlich sind ihre Eltern auch da …«, dachte ich so bei mir, während
Jens mühsam auf Französisch stammelnd unser Anliegen schilderte.

»Sie wissen aber, dass in Frankreich zelten verboten ist!?«, antwortete
unser Gegenüber fehlerfrei auf deutsch und in bestimmtem Tonfall. Fragend sah sie uns an. Irritierte Blicke wanderten zwischen uns hin und
her. Wir hatten es nicht mit einem Kind, sondern mit einer erwachsenen
Frau zu tun. Wie wir von ihr erfuhren, war sie die Hausherrin und hatte
die deutsche Sprache mehrere Jahre lang in der Schule gelernt.

Letztendlich bekamen wir die Erlaubnis, am Rande des Grundstücks
unser Zelt aufzuschlagen mit dem Hinweis, auch bitte keinen Müll liegen zu lassen. Glücklich und erleichtert trotteten wir den Hang hinunter
und legten unsere Rucksäcke ab. Wir hatten gerade die Zeltplane ausgebreitet, als zwischen den am Weg stehenden Büschen ein älterer Mann
hervorsprang und wild herumgestikulierend auf uns einredete. Wir
verstanden ihn nicht! Immer wieder deutete er auf sein Grundstück, bis
Jens schließlich auf ihn zuging, um herauszubekommen, was er denn
wolle. Eine ebenso aufgeregt wirkende Frau gleichen Alters gesellte sich
hinzu und alle drei verschwanden in Richtung des Hauses. Verdattert
sah ich ihnen hinterher.

Nach etwa zehn Minuten begann ich, mir Sorgen zu machen und rief
Jens mehrmals. Keine Antwort! Ein ungutes Gefühl beschlich mich.

Eine halbe Stunde später war das Zelt aufgebaut und alles gerichtet, als Jens aus einer völlig anderen Richtung auf mich zukam.

»Wo warst du denn? Ich habe mir Sorgen gemacht!«, rief ich ihm entgegen.

»Tut mir leid, ich wusste nicht, dass so viel Zeit vergangen ist. Der Mann wollte uns warnen.«

»Warnen? Du meine Güte, wovor denn?«

»Gleich hier unten in dem Wald wird zu dieser Zeit gejagt, gerade auch in den frühen Morgenstunden. Es kam wohl öfter schon vor, dass die Jäger sich versehentlich gegenseitig erschossen haben. So manches Mal kamen sie nicht vollzählig von der Jagd zurück, wenn ich alles richtig verstanden habe.«

»Glaubst du das wirklich?«, fragte ich bestürzt.

»Ich bin mir nicht sicher. Er riet uns ab, hier im Zelt zu übernachten.«

»Klingt ja gruselig! Aber wir haben keine andere Wahl …!« »Nein. Und dann hat er mich noch zu einem Nachbarn geführt, einem Engländer, der alles übersetzen musste.«, berichtete er weiter.

»Ach, darum warst du so lange weg …«, unterbrach ich.

»Ja, ein sehr netter Mann. Er lebte einige Jahre in Österreich und kann daher sehr gut deutsch sprechen. Falls wir möchten, könnten wir bei ihm duschen, das hat er mir angeboten. Er ist auf jeden Fall zu Hause. Morgen früh dann reist er für längere Zeit in seine Heimat.«

Letztendlich aber wollten wir uns an diesem Abend nicht mehr so weit vom Zelt entfernen und zogen uns recht bald zurück, denn es war schon fast dunkel. Der Grundstückseigentümer drehte währenddessen eine Runde ums Haus, wahrscheinlich, um zu schauen, ob wir uns auch wirklich benehmen. Jens verriet mir im Nachhinein, dass er die Frau fast gefragt hätte, ob denn ihre Eltern zuhause sind. Wir mussten sehr lachen, als ich ihm erzählte, dass ich denselben Gedanken hatte. Beim Genuss des äußerst edlen Rotweines diskutierten wir noch lange über die Geschehnisse des Tages.

15. Tag Vic – Pont du Gard 24 km

Gegen sieben Uhr brachen wir auf. Weder hatten wir in der Nacht Schüsse gehört, noch gab es sonst irgendwelche Störungen. Dennoch waren wir wie gerädert. Die Sonne arbeitete sich so langsam am Horizont empor und im Hinterkopf noch immer den Rat des aufgeregten Nachbarn, liefen wir doch lieber die Landstraße entlang, anstatt den, durch dichten Wald führenden Wanderweg. Wir waren zügig unterwegs, wollten wir an diesem Tag doch mal etwas eher das Ziel erreichen. Jeder lief für sich und sein eigenes Tempo.

Wir hatten diese auswegslose Situation am vergangenen Tag doch recht gut gemeistert. Ein schönes Gefühl, gemeinsam immer irgendeine Lösung zu finden.

Leise summte ich vor mich hin. Eines meiner Lieblingslieder. »*Over the Rainbow*« gesungen von *Israel Kamakawiwo'ole*. Ich kannte es erst seit zwei Jahren von der Hochzeit meiner jüngeren Tochter Charlotte.

Alle standen damals um die festlich geschmückte Kaffeetafel herum und hielten ein langes rotes Satinband, welches, angefangen vom Brautpaar, über die Gäste, wieder beim Brautpaar endete. Die Eheringe wurden feierlich von Gast zu Gast durch das Band gefädelt und jeder der die Ringe in den Händen hielt, schloss die Augen und schickte individuelle Wünsche und Gebete auf die Reise für das Paar. Untermalt wurde diese Zeremonie von besagtem Lied und organisiert von einem guten Freund. Ich glaube, es gab niemanden, dessen Augen nicht feucht waren vor Rührung.

Ein besonderes Lied in einer besonderen Situation. Ich mag es!

Heute sind die beiden stolze Eltern eines süßen Zwillingspärchens.

Und somit hatte ich zu diesem Zeitpunkt bereits drei Enkel. Denn auch

Johanna war Mama eines kleinen Jungen. Ach wie gern würde ich sie jetzt alle sehen.

Meine Aufmerksamkeit richtete sich nun wieder auf den Weg, denn wir durchschritten mittlerweile eine wunderschöne mediterrane Landschaft. Besonders viele Erdbeerbäume am Wegesrand verführten zum Naschen und wir konnten nicht genug bekommen von diesen kleinen süßen Früchten. Es war sehr heiß, doch immer wieder mussten wir stehenbleiben, um die faszinierenden Ausblicke zu bestaunen.

Auf den letzten Teil des Weges waren wir total gespannt. Wir hatten nun auch den Régordaneweg verlassen, da wir unbedingt den *Pont du Gard* sehen wollten.

Der *Pont du Gard* ist ein vor zweitausend Jahren von den Römern erbautes dreistöckiges Aquädukt und mit 49 Metern das höchste seiner Art. Dieses einzigartige Bauwerk ist fest im massiven Felswerk verankert und hat mehr als 360 Meter Spannweite. Die Brücke verbindet die beiden Ufer des Flusses Gardon und gilt als technisches Meisterwerk. Sie beherbergt auf ihrer obersten Ebene eine steinerne Wasserleitung, welche bis zum 9.Jahrhundert der Wasserversorgung der damaligen römischen Stadt Nemausus(heute Nîmes)diente.

Der Pont du Gard ist eine der größten Touristenattraktionen Frankreichs.

Dieses großartige Bauwerk beeindruckte uns sehr. Viele Leute standen in einer langen Schlange an, um durch den 1,80 Meter hohen ehemaligen Wasserkanal gehen zu dürfen. Wir beide nutzten lediglich die unterste Ebene, um auf die andere Seite zu gelangen und ließen einfach den Anblick in seiner Gesamtheit auf uns wirken. Trotz der zahlreichen Touristen herrschte ein gemütliches Flair. Kinder spielten am flachen Ufer, einige Mutige badeten im kalten Wasser, vereinzelt glitten Paddelboote vorüber und an vielen Stellen picknickten Gruppen von Menschen.

Nicht weit entfernt sollte es einen Campingplatz geben, welchen wir für die Übernachtung ausgesucht hatten. Dieser war zwar nicht schwer zu finden, doch auf der Suche nach dessen Eingang verzweifelten wir fast, denn immer wieder versperrte irgendein Zaun den Weg.

Auf dem großzügig gehaltenen Gelände sahen wir vorwiegend Mobilhomes und kleine Hütten. Wir hatten Glück und konnten ein solches Mobilhome für eine Nacht mieten, nur bedauerten wir, dass der Campingplatzkiosk nicht mehr geöffnet war, denn wir hatten riesigen Appetit auf Nudeln. Doch so tragisch war es nun auch wieder nicht, wir besaßen noch wenige Vorräte, die Unterkunft war Spitze, der Platz sehr gepflegt und es gab sogar Waschmaschinen.

Ein stattlicher Erdbeerbaum

Der Pont du Gard

Etwas später wehten sanft die frisch gewaschenen Kleidungsstücke auf dem Ständer vor unserem Mobilhome. Das noch feuchte Zelt hing ausgebreitet über zwei der weißen Plastikstühle und wir beide brachen zu einem kleinen Abendspaziergang auf. Ein leckerer Duft von Gebratenem zog durch die Luft, hier und da saßen Menschen vor ihren Behausungen und es herrschte eine heitere, gemütliche Stimmung auf dem Campingplatz.

16. Pont du Gard – Tarascon 21 km

Der Tag begrüßte uns mit herrlichstem Sonnenschein. Vor dem kleinen, noch geschlossenen Kiosk tummelten sich ein paar Leute, die wie ich, ihre bestellten Backwaren abholen wollten. Mit dem Baguette in der Hand spazierte ich bedächtig über den Platz und genoss das morgendliche Flair. Wir frühstückten in aller Ruhe, da wir erst ziemlich spät loskommen würden. Das Mobilhome musste besenrein übergeben werden, was aber war leider nicht vor neun Uhr dreißig möglich war.

Nachdem wir die Kaution erhalten hatten, verließen wir den Campingplatz. Da wir zu so später Stunde sonst nie starten, hofften wir auf gutes Vorankommen, denn schon zu diesem Zeitpunkt war es unwahrscheinlich heiß.

Anfangs liefen wir ein kurzes Stück die Hauptstraße entlang, eng an die Leitplanke gepresst, doch bald führte ein schmaler Weg uns steil bergauf. Wunderschöne Fernblicke ließen uns die Anstrengung schnell vergessen und begleitet von Staubwolken, kämpften wir uns auf steinübersäten, trockenen Pfaden voran. Die Sonne brannte in meinem Gesicht und mein Mund war trocken, sodass ich sehr oft eine Trinkpause einlegen musste. Durch das ständige auf und ab begannen meine Knie zu schmerzen und auch die Füße bereiteten mir an diesem Tag Probleme.

»Weißt du«, sagte ich zu Jens, der schweigsam neben mir schritt. »Ich habe irgendwie überhaupt keine Energie heute. Wenn ich daran denke, dass wir noch nicht mal die Hälfte der Strecke geschafft haben, da könnte ich heulen. Und es ist so heiß!«

»Was mir Kopfzerbrechen macht, dass bei unserem Lauftempo kein Ende in Sicht ist. Ich habe auch Schwierigkeiten, voranzukommen.«

Und wahrlich wurden wir immer langsamer.

Wir kamen durch den Ort Sernhac, dessen Kirchturmspitze mit der darauf thronenden, weißen Madonnenstatue wir schon von Weitem gesehen hatten.

»Ich habe einen Vorschlag.«, fuhr Jens fort. »Wir könnten an der Hauptstrasse entlanggehen und ein Stück per Anhalter fahren. Wenn uns aber keiner mitnimmt, dann ist es allerdings die längere Strecke. Was würdest du machen?«

Ich zögerte mit meiner Antwort.

»Na ja, wenn wir auf dem Weg bleiben, dann müssen wir durchlaufen. Und die Straße ist halt ein Risiko, nimmt uns keiner mit, dann haben wir noch mehr Kilometer an der Backe. Lass es uns trotzdem probieren.«

Wir rissen uns gewaltig zusammen und marschierten im Sechs-Stunden-kilometer-Tempo die Straße entlang. Frohen Mutes nahmen wir Autogeräusche wahr, der Fahrer des Wagens jedoch ignorierte uns. Das nächste Auto kam etwa eine Viertelstunde später und sauste mit einem Affenzahn an uns vorüber. Verdutzt standen wir mitten auf der Straße und sahen hinterher. Sogleich ließ ein Hupen uns aufschrecken und wir blickten in das grimmige Gesicht eines Lieferwagenfahrers. Und schon war auch er wieder weg. Wir querten den kleinen Ort Meynes, ohne dass uns weiteres Fahrzeug begegnete.

Verzagt saßen wir Rücken an Rücken auf einem Stein am Straßenrand.

»Mein Fuß tut so weh, ich kann nicht gut laufen.«, jammerte ich.

»Dann bleib doch noch sitzen. Ich gehe mal bis vor zur Kreuzung …«

Um mich vor der Sonne zu schützen, band ich mein Tuch um den Kopf, denn der Pilgerhut war viel zu warm. Verdrossen starrte ich auf die leere Straße. Als Pilger sollte man ja jeden Kilometer laufen, sinnierte ich vor mich hin. Oder waren wir jetzt gerade Wanderer? Nein, eher sind wir doch als Pilger in einem Wandergebiet unterwegs, um so auf die nächstgelegene Pilgerroute nach Santiago de Compostela zu gelangen. Wer oder was waren wir denn nun gerade?

Ich war soeben dabei, mir die Schuhe von den Füßen zu reißen, als ich Jens rufen hörte. Wild herumgestikulierend schien er mir etwas mitteilen zu wollen. Und tatsächlich stand neben ihm ein Wagen, dessen Fahrer angehalten hatte, um uns mitzunehmen. Ich konnte es nicht glauben. So ein netter Mensch!

Der Mann war um die dreißig und fuhr uns etwa vier Kilometer näher zum Ziel. Wir waren ihm unwahrscheinlich dankbar, zumal es für ihn ein Umweg war. Hinter Comps an einer Parkbucht an der Straße zum Kloster *Saint-Roman* ließ er uns aussteigen und wendete, um zurückzufahren. Beeindruckt sahen wir dem Wagen hinterher. Und wieder hatte es sich bewahrheitet, dass es immer irgendwie weitergeht.

Wir hatten vor, eine Pause zu einzulegen und steuerten auf einen kleinen Berg zu, um dort abseits der Strasse sitzen zu können.

»Warum kommst du nicht?«, wunderte sich Jens und blickte in meine Richtung, wo sich ihm ein recht lustiger Anblick bot.

»Ja siehst du denn nicht, dass es nicht geht.«, klagte ich, während ich mich die ziemlich schräge Anhöhe hinaufkämpfte und bei jedem Schritt auf dem Geröll postwendend um eine Schritteslänge zurückrutschte. Das wiederholte sich einige Male, bis ich einfach stehenblieb. Irgendwie muss ich wohl ausgesehen haben, wie ein bockiger Esel, der urplötzlich wie versteinert an einer Stelle verharrt. Jens, der sich das Grinsen nicht verkneifen konnte, schoss schnell erstmal ein paar Fotos, bevor er mich mithilfe seines Pilgerstockes nach oben zog.

Wir saßen an einem Berghang gegenüber einem Radweg und verzehrten unsere letzten Vorräte. Ganz oben auf dem Berg über uns befand sich das Kloster *Abbaye de Saint-Roman*.

Hierbei handelt es sich um ein altes Höhlenkloster, das im 5. Jahrhundert von Einsiedlern in den Fels gehauen wurde. Bis zum 15. Jahrhundert hatten dort, Überlieferungen nach, Benediktinermönche gelebt. Noch heute kann man es besichtigen und gleichzeitig einen einmaligen Blick über die Provence genießen.

Wir freuten uns darüber, etwas zeitiger als gedacht Tarascon erreichen zu können. Dort sollte es ebenfalls einen Campingplatz geben, wo wir dann gern auch einen Ruhetag einlegen würden.

Wir begaben uns hinunter zur Straße, auf der wir etwa zweihundert Meter parallel zur Rhône zurückzulaufen mussten. Dort passierten wir eine breite Brücke etwa bis zur Mitte des Flusses, wo der Weg auf die Rhône-Insel mündete. Auf dieser liefen wir am Ufer entlang bis zu einem Kraftwerk, um dort den *Canal du Rhône à Sète* (früher *Canal de Beaucaire*) zu überqueren.

Gleich dahinter, auf einem Grünstreifen, pausierten wir erschöpft unter schattenspendenden Zypressen. Wir befanden uns kurz vor Tarascon und konnten von hier aus schon die Gemäuer unseres Zielortes sehen. Ein leichter Wind trocknete unsere verschwitzten Gesichter und bewegte die Baumwipfel sanft hin und her. Der Schatten ließ die Wiese, auf der wir saßen, erfrischend und kühl wirken, sodass wir uns nach und nach akklimatisieren konnten.

Den Campingplatz gleich am Ortseingang fanden wir recht schnell. Dort wurden wir von einem großen, tapsigen Hund empfangen, gefolgt von seiner Herrin, die uns schließlich über den Platz führte. Wir hatten drei unterschiedlich große Mobilhomes zu Auswahl und entschieden uns für das mittlere. Dieses war nicht ganz so komfortabel wie jenes am *Pont du Gard*, trotzdem aber urgemütlich. Da noch genug Zeit für einen kleinen Stadtrundgang war, machten wir uns gleich auf den Weg. Im Tourismusbüro organisierten wir die Übernachtung für Arles, schlenderten bedächtig durch die Straßen von Tarascon und kauften ein wenig ein. Dieses Mal würden wir auch endlich die lang ersehnte Nudelmahlzeit zubereiten können.

Am Abend saßen wir satt und frisch geduscht an dem kleinen Tischchen unseres Heims bei einem Glas Rotwein und überlegten, wie wir den folgenden, lauffreien Tag gestalten könnten.

17. Tag Ruhetag in Tarascon und Avignon

Die Nacht war nicht sehr erholsam. In den Beinen arbeitete es und die Füße schmerzten noch immer von den Anstrengungen des Vortages. Trotzdem starteten wir voller Enthusiasmus in unseren Ruhetag. Der Himmel war von einer leichten Wolkenschicht überzogen, worüber wir aber gar nicht so böse waren. Vielleicht würde es ja doch nicht so glühend heiß werden. Wir ließen uns Zeit und schlenderten nach einem ausgiebigen Frühstück über den Wochenmarkt, wo die ersten Händler bereits ihre Waren wieder zusammenpackten. Ohne etwas kaufen zu wollen, sahen wir uns alles an, wechselten hier und da ein paar nette Worte und genossen einfach die angenehme, beschauliche Vormittagsstimmung.

Es wurde Zeit, in Richtung Bahnhof zu gehen, da wir vorhatten, mit dem Zug nach Avignon zu fahren. Schon sehr viel hatten wir von dieser Stadt an der Rhône gehört und es gab da ja auch ein Lied …
»An einem Sonntag in Avignon …«, trällerten wir abwechselnd leise vor uns hin und waren voller Vorfreude.

Der erste Dämpfer erwartete uns beim Kauf der Fahrkarten.
»Gibt es denn hier nur diese Automaten?«, fragte ich genervt, nachdem wir schon eine Weile ohne Erfolg herumprobiert hatten.
»Ich gebe auf, dann müssen wir eben im Zug lösen. Ich weiß nicht, was ich hier machen soll.«, seufzte Jens. Wir standen ratlos mit dem Wörterbuch vor diesem monströsen Apparat und versuchten, die Anweisungen zu übersetzen. Und die Zeit saß uns im Nacken.
Gut zehn Minuten später hatten wir es irgendwie geschafft, dem Au-

tomaten ein Ticket zu entlocken und hasteten damit zum Zug, der zwei Minuten später abfahren würde. Erleichtert und außer Atem saßen wir nebeneinander in dem kleinen, stickigen Abteil und schauten den vorüber ziehenden Landschaften hinterher. Noch immer den Fahrschein in der Hand, sah ich mir diesen genauer an.

»Der hier ist falsch!«, stellte ich erschrocken fest. Beide starrten wir verdutzt auf das kleine Stück Papier. Und tatsächlich hatten wir versehentlich von Avignon nach Arles gelöst, statt von Tarascon nach Avignon. Zum Glück kam kein Schaffner.

Die südfranzösische Stadt Avignon befindet sich in der Provence im Département *Vaucluse* und verzeichnet etwas mehr als 92.000 Einwohner. Einige Bauwerke der Altstadt, wie zum Beispiel unter anderem die Kathedrale, die Stadtmauer und der Papstpalast gehören zum UNESCO-Weltkulturerbe.

Ein einmaliges Monument der Geschichte ist die Ruine der Brücke *Saint Bénezet,* auch genannt *Pont d'Avignon.* Sie führt über die Rhône und ist ebenso bekannt durch das Kinderlied »*Sur le pont d'Avignon*«. Im 12.Jahrhundert errichtet, war sie die erste Verbindung von Lyon zum Mittelmeer. Im Jahre 1225 wurde sie zerstört, wieder aufgebaut und mehrmals noch vom Hochwasser weggerissen. Lediglich vier Bögen und eine Kapelle sind übriggeblieben von diesem ehemals 900 Meter langen Bauwerk, welches auch dem Weltkulturerbe angehört.

Unser erster Eindruck von Avignon war ein wenig ernüchternd. Wir passierten breite, schmutzige Straßen und gingen an Plätzen vorüber mit riesigen Cafés, vor denen eifrig Tische und Stühle aufgebaut wurden. Es sah nach Massenabfertigung aus und wirkte wenig einladend. Ladenbesitzer waren emsig damit beschäftigt, Werbeschilder aufzustellen und die großen Schaufensterscheiben blank zu putzen.

Angekommen am Papstpalast, bestaunten wir diesen gewaltigen Bau, untermalt von der Musik eines Leierkastenspielers. Unermüdlich schmetterte dieser kleine Mann im weißen Gewand einen französischen Song nach dem anderen, was eine unbeschwerte Fröhlichkeit verbreitete und die Menschen zum Stehenbleiben animierte.

Der gesamte Papstpalast wurde in mehreren Etappen zwischen 1334 und 1370 erbaut und kann auf eine sehr lange und alte Geschichte zurückblicken. Er besteht aus zwei Teilen, dem Alten Palast und dem Neuen Palast, die aber miteinander verschachtelt sind. Die ehemalige Residenz verschiedener Päpste und Gegenpäpste ist eines der größten gotischen Zeitzeugen Europas und eines der meist besichtigten Bauwerke in Frankreich.

Festung in Tarascon

Papstpalast in Avignon

Am Papstpalast vorbei gelangten wir in einen riesigen, terrassenartig angelegten Park namens *Rocher des Domes*. Dieser befindet sich auf einem Felsvorsprung und wurde als Garten für die Öffentlichkeit angelegt. Wir genossen einen sensationellen Blick über ganz Avignon.

Auf dem Weg zurück in die Stadt waren wir entsetzt über die vielen, an den Straßenrändern kauernden Bettler und fragten uns, ob die wirklich alle echt waren. Warum müssen in der heutigen Zeit noch so viele Menschen in Armut leben? Immer wieder stellen wir fest, dass im Hintergrund vieler großer prächtiger Städte oftmals auch Elend und traurige Schicksale zu Hause sind. Ein Gegensatz zu Reichtum und Luxus. Irgendwie hatten wir keine Lust mehr, uns in eines der Cafés zu setzen und verzehrten unsere trockenen Brötchen auf einer Bank am Rande des Trödelmarktes.

Die Sonne befand sich am höchsten Punkt und wir wollten einfach nur noch zurück nach Tarascon. Die Zeit bis zur Abfahrt des Zuges vertrieben wir uns mit der Besichtigung einer riesigen Markthalle, wo es unter anderem eine große Auswahl an Fischprodukten zu kaufen gab. Entgeistert starrte ich auf die vielen Menschen, die an Tischen saßen und gierig irgendwelche Meerestiere und ähnliche undefinierbare Dinge in sich hineinstopften. Von dem gekachelten, glitschig nassen Boden stieg ein widerlicher Fischgeruch auf, was für uns Anlass war, die Halle zügig wieder zu verlassen.

Über die sehr sehenswerte, historische Stadtmauer gelangten wir auf die Brücke *Pont Édouard Daladier,* von welcher man einen tollen Blick auf die *Pont d'Avignon* genießen kann. Auch ist es eine gute Perspektive zum fotografieren!

Für uns war das Geheimnis Avignon nun gelöst. Zurück in Tarascon, schlenderten wir gemütlich durch die Straßen, besichtigten die monströse Festung und hielten in unserem Mobilhome einen erholsamen Nachmittagsschlaf.

Später fanden wir beim Spaziergang über das Campingplatzgelände eine alte Frisbeescheibe. Doch misslang der Versuch, damit zu spielen schon nach der ersten Runde, da ich die Scheibe in einen eingezäunten Pool kickte.

»Du hattest eh keine Lust, stimmts?«, fragte Jens enttäuscht.

»Ist gar nicht wahr, die habe ich doch nicht absichtlich da rein geschmissen!«, antwortete ich entrüstet und das vielsagende Grinsen ließ mich eine Weile schmollen. Schon bald aber hatten sich die Wogen geglättet und der Rest des Tages verlief beschaulich und ruhig. Wir fühlten uns fit und waren bereit für den letzten Pilgertag.

18. Tag Tarascon – Arles 26 km

Das Verlassen des Ortes erwies sich als nicht so einfach, denn wir mussten feststellten, dass Tarascon größer war, als wir ursprünglich dachten. Irgendwie konnten wir die Wegbeschreibung nicht richtig deuten, sodass der erste, halbherzige Anlauf mitten im Gewirr von Bahngleisen endete. Verdutzt standen wir an der einzigen freien Stelle zwischen den spitz zueinander verlaufenden Schienen, ohne zu begreifen, wieso wir dorthin geraten waren. Eiligst verließen wir dieses Areal, um zurück zum Ausgangspunkt zu gelangen.

Endlich auf Kurs, liefen wir die Straße entlang und erreichten nach wenigen Kilometern die Kapelle *Chapelle Saint-Gabriel de Tarascon*. Hierbei handelt es sich um eine romanische Kapelle aus dem 12.Jahrhundert, die einst dem Erzengel Gabriel geweiht wurde.

Leider war diese verschlossen. Die Sonne brannte schon sehr an diesem Tag und um im Schatten etwas auszuruhen, setzten wir uns auf die steinernen Stufen am Eingang. Entspannt lehnten wir an der hölzernen Tür, als plötzlich Schwärme von Mücken sich auf uns stürzten. Diese waren so winzig und flink, sodass wir die zahlreichen Stiche an Armen, Beinen und sogar im Gesicht erst im Nachhinein bemerkten. Unwirsch sprangen wir auf und gingen weiter. Oft mussten wir anhalten, denn die Mückenstiche juckten richtig bösartig. Wir folgten der Hauptstraße bis Fontvielle, um im dortigen Tourismusbüro den weiteren Weg bis Arles zu erfragen, da wir für diesen Abschnitt kein Kartenmaterial mehr besaßen.

Wenig später befanden wir uns wieder auf dem richtigen Weg, dem GR 653 D. Dies ist jener Teil des Jakobsweges, der von Gillonay, kurz vor La

Côte-Saint-André auf der Via Gebenensis, links abzweigt und bis nach Arles führt.

Eine herrliche Gegend erwartete uns, geprägt von weiten Olivenhainen und staubtrockenen Pfaden. Saftige dickfleischige Sukkulenten und blühende Sträucher wechselten sich in dieser dennoch kargen Landschaft ab. Der Weg bot uns an diesem Tag zum Abschied noch einmal alles, als wolle er sich von seiner besten Seite zeigen. Wehmütig nahmen wir die Schönheit der Natur in uns auf, um noch recht lange davon zehren zu können.

Wir machten einen Abstecher zum Kloster *Abbaye de Montmajour*, um dort auszuruhen und unsere Pilgerausweise abstempeln zu lassen. Da Ersteres nicht möglich war, schleppten wir uns weiter und verließen wenige Kilometer vor Arles abermals den Weg. Ein Stück abseits der schmalen Landstraße, vor einem Getreidefeld, rollten wir ein letztes Mal die Isomatten aus. Der heiße Wind streichelte sanft unsere staubigen Gesichter und von unterschiedlichsten Gefühlen ergriffen, hing jeder seinen Gedanken nach. Bedächtig verzehrten wir unsere Nudeln vom Vortag und sahen dabei in die Ferne.

Ausruhen in Fontvielle

Herrliche Landschaft vor Arles

Etwa eine Stunde später erreichten wir den Ortseingang von Arles. Eine vielbefahrene Straße führte hinein ins Zentrum. Wir jedoch bogen einen schmalen Weg nach rechts ab, da wir in dieser Richtung den Bahnhof vermuteten. Dort wollten wir schon jetzt die Tickets für die Heimreise zu kaufen, da wir mit dem Zug nach Marseille fahren würden, um von dort aus mit dem Fernbus zurück nach Deutschland zu reisen.

Die große helle Bahnhofshalle war recht übersichtlich und wir hielten wir uns nicht länger als notwendig dort auf, da wir das Ende unserer Reise noch eine Weile ausblenden wollten. Uns erwarteten zunächst eineinhalb Tage Arles.

Durch ein steinernes Tor betraten wir das Zentrum der Stadt. Schmale und schiefe Gassen führten uns, vorbei an belebten Cafés, zu dem berühmten Amphitheater. Die leicht ansteigende, parallel verlaufende Straße war versehen mit vielen Souvenirständen, um die sich zahlreiche Menschen scharten.

Gleich hinter dem Amphitheater sollte sich die Gîte befinden sowie ein Café, in welchem man den zugehörigen Schlüssel erhalten würde.

Nach ausgiebiger Suche betraten wir besagte Unterkunft und sehr schnell wurde unsere Euphorie getrübt. Als Erstes kamen wir in einen Vorraum, in dessen Mitte ein langer Tisch stand. Anscheinend wohnten noch mehr Leute hier, denn in der kleinen Küche sah es aus, als ob am Vortag gekocht wurde. Benutztes Geschirr türmte sich in der Spüle, im Kühlschrank lagen vergammelte Lebensmittel und der Boden klebte. Alles machte einen sehr unsauberen Eindruck und auch der geräumige Sanitärbereich wirkte nicht gerade einladend.

»Sieh mal, hier hat jemand seinen Schlüpfer eingeweicht.«, sagte ich scherzhaft zu Jens und deutete auf das bis zum Rand mit Wasser gefüllte Waschbecken, worin ein undefinierbares Wäschestück schwamm. Ohne Worte betraten wir über eine Holztreppe mit schmierigem Geländer die obere Etage. Der Raum, in dem wir schlafen sollten, bestand aus zwei Doppelstockbetten und vier kleinen Hockern.

»Wenn wir wüssten, dass keiner mehr kommt, dann könnten wir unsere Sachen auf die oberen Betten legen …«, überlegte Jens.

»Hast du dir mal die Laken angeschaut?«, unterbrach ich ihn entsetzt.

»Und die Wand, nee da muss ich was davor hängen.«

Nachdem wir einen Schrank mit sauberer Bettwäsche gefunden hatten, machten wir unser Heim »wohnlicher«, gingen duschen und brachen auf zu einem kleinen Bummel durch Arles.

Arles besitzt knapp 53.000 Einwohner und ist die flächenmäßig größte Gemeinde Frankreichs. Sie ist ein wichtiger Punkt für Jakobspilger und eine Stadt mit vielen antiken Baudenkmälern. Die Entfernung bis zum Mittelmeer beträgt etwa 25 Kilometer. Arles gehört zur Camargue, einem Naturschutzgebiet, in dem Flamingos, weiße Wildpferde und die Camargue-Rinder angesiedelt sind. Bekannt für die Camargue ist der Ort Saintes-Maries-de-la-Mer.

Auch wird der berühmte niederländische Maler *Vincent van Gogh* mit Arles eng in Verbindung gebracht, da er fünfzehn Monate dort lebte und in dieser Zeit 187 Bilder malte.

Als wir zurückkamen, waren unsere beiden Mitbewohner, scheinbar Monteure, bereits eingetroffen. Sie sprachen französisch und das recht wenig, belagerten den kleinen Vorraum und hatten ganz offensichtlich kein Interesse, mit uns zu kommunizieren. Ernüchtert zogen wir uns für den Rest des Abends in unser Zimmer zurück, welches wir glücklicherweise alleine bewohnen durften.

19. Tag Ruhetag in Arles

Noch bevor das Leben in Arles so richtig begann, gingen wir los, um die Stadt zu erkunden. Im Schatten der Morgensonne bauten Händler vor den zahlreichen Geschäften ihre Stände auf. Stühle und Tische wurden vor den Cafés arrangiert und erste Touristen schlenderten bereits unternehmungslustig umher. Inmitten von diesem Gewusel thronte das mächtige Amphitheater.

Ein Amphitheater ist ein in der römischen Antike in runder oder ovaler Form erbautes Theater, in dessen Mitte sich die Bühne befindet und die Sitzreihen meist stufenweise ringsherum angeordnet sind.

Das Amphitheater von Arles »Les Arènes d'Arles« wurde gegen Ende des 1.Jahrhunderts errichtet. Mehr als 20.000 Zuschauer hatten in diesem dreigeschossigen Bauwerk Platz. Die letzten Aufführungen fanden im Jahre 549 statt. Heute besteht das Amphitheater von Arles nur noch aus zwei Etagen und wird meist für Stierkämpfe und Konzerte genutzt. Auch dieses Monument gehört dem UNESCO-Weltkulturerbe an.

Die Sonne gab mittlerweile alles und ließ den unverschämt blauen Himmel in einer Intensität leuchten, sodass es aussah, als ob ganz Arles strahlt.

Wir inspizierten sämtliche Baudenkmäler, erstanden Mitbringsel und bummelten durch die Straßen. Auch hier gab es reichlich Bettler, von denen einige die Touristen fordernd und mit ausgestreckter Hand bedrängten. In vielen Ecken lag Müll.

Immer wieder gingen wir in Läden und überlegten, was wir vielleicht noch gebrauchen könnten. Doch das war es nicht, denn am liebsten würden wir ein Stück Frankreich mit nach Hause nehmen, damit all das frisch

Erlebte ja nicht verblassen könnte. Wir schauten bedächtig umher, um das Hier und Jetzt zu speichern. Jeder einzelne Moment schien uns wertvoll. Es fiel schwer, loszulassen!

An diesem Tag gingen wir zeitig schlafen, um ausgeruht die Heimreise antreten zu können.

20.Tag Abreise über Marseille, Lyon und Nürnberg

Etwas traurig über das Ende unserer wunderbaren Pilgerreise und gleichzeitig froh, diese schmuddelige Herberge verlassen zu können, gingen wir gegen neun Uhr zum Bahnhof. Bald schon rollte der Zug ein und mit gemischten Gefühlen entfernten wir uns immer weiter von der Pilgerhochburg Arles.

Viele Menschen waren an diesem Tag schon unterwegs, sodass wir Mühe hatten, freie Plätze zu finden. Uns gegenüber saß eine südländische Familie. Die Frau lächelte freundlich und drei Paar große schwarze Kinderaugen fixierten uns neugierig. Der etwa zehn Jahre alte Junge und die beiden jüngeren Mädchen saßen brav auf ihren Plätzen und hörten zu, was ihre Mutter erzählte. Sie hatten so gut wie kein Gepäck bei sich. Ich kramte in meinem Rucksack und brachte einen Müsliriegel sowie einen Bonbon zutage. Angestrengt überlegte ich, wie das Wenige aufteilen könnte. Schließlich reichte ich dem Jungen das Bonbon und zerbrach den Riegel, um ihn den beiden Mädchen zu geben. Staunend blickten sie immer wieder abwechselnd von uns zu ihrer Mutter, bevor sie zaghaft probierten. Diese sah uns glücklich an, während sie die Kinder ermahnte, sich zu bedanken.

Der Zug wurde langsamer. Endstation Marseille!
Über eine große Treppe gelangten wir hinunter in die Stadt, wo wir von Autolärm und hektischem Treiben empfangen wurden. Nachdem wir etwas Proviant gekauft und Einzelheiten über die Weiterreise mit dem Fernbus in Erfahrung gebracht hatten, steuerten wir das Hafenviertel an. Hier herrschte schon wieder eine ganz andere, gemütlichere Atmosphäre. Wir liefen an zahlreichen kleinen Cafés vorüber und setzten uns

direkt am Hafenbecken auf die von der Sonne erwärmten Steinplatten. Bedächtig und ohne viel zu reden verbrachten wir so die letzten Stunden in Südfrankreich.

Sanft schaukelten die zahlreichen Boote mit ihren langen Masten auf dem Wasser hin und her und es schien, als ob sie tanzen würden. Die von der Sonne angestrahlte Wasseroberfläche funkelte wie ein Meer aus Diamanten. Menschen zogen schwatzend und lachend vorüber. Doch unsere Gedanken waren weit weg.

Marseille ist mit knapp 862.000 Einwohnern nach Paris die zweitgrößte Metropole von ganz Frankreich sowie die wichtigste französische Hafenstadt. Der alte, wunderschöne Hafen ist nur eines von unzähligen Sehenswürdigkeiten dieser bezaubernden Stadt, in der ein überwiegend mediterranes und manchmal auch raues Klima vorherrscht.

Ankunft in Marseille

Am Hafen von Marseille

Die Fernbushaltestelle fanden wir nach dreimaligem Umrunden gleich hinter dem Bahnhofsgebäude. Unwahrscheinlich viele Menschen irrten suchend umher oder saßen wartend auf Bänken und Bordsteinkanten. Unser Bus, der bis Lyon fahren sollte, war nicht sehr voll, sodass wir unheimlich viel Platz hatten. Es war eine angenehme Fahrt.

Einundzwanzig Uhr fünfzehn erreichten wir Lyon. Von hier aus sollte uns ein weiterer Fernbus nach Nürnberg bringen. Froh, sofort die richtige Haltestelle gefunden zu haben, wurden wir vom Busfahrer wieder weggeschickt, da wir an einem separaten Schalter einchecken mussten. Schon leicht panisch, suchten wir jenen in der großen Halle vor uns, erledigten die Formalitäten und waren somit die letzten Fahrgäste. Alles wartete auf uns. Während Jens noch die Rucksäcke im Gepäckfach verstaute, lief ich suchend durch den knackevollen, spartanisch beleuchteten Bus und fand keine freien Plätze. Es war nicht nur stickig, sondern richtig schlechte Luft und etwas ratlos erreichte ich die hinterste Reihe, aus der mir sechs große, schwarzweiße Augenpaare aus schwarzen Gesichtern gespannt entgegensahen. Direkt in der Mitte war ein Platz frei, jedoch ohne Gurt und Ablage. »Oh Mist!«, dachte ich bei mir. »Wo soll ich hin? Ich kann doch nicht hier stehenbleiben.«

Zögerlich ließ ich mich auf dem einzigen freien Sitz nieder und winkte Jens zu, der soeben den Bus betrat. Suchend schaute er sich um, bis er mich schließlich entdeckte. Da aber definitiv ein Platz fehlte, kehrte er postwendend um und verhandelte mit dem Busfahrer.

Wenig später saßen wir in einer der vordersten Reihen, die eigentlich für die Fahrer reserviert war. Endlich konnten wir unsere Nachtruhe antreten, so gut wie halt eine Nachtruhe in einem Fernbus möglich ist. Begleitet von raschelnden Tüten, telefonierenden Personen und Schnarchgeräuschen schliefen wir immer mal wieder ein. Türen klappten, Fahrgäste stiegen aus und ein. Alles tat mir weh und das Sitzen fiel schwer. Wir nahmen jede Gelegenheit wahr, um uns die Beine zu vertreten, sobald der Bus einen Halt einlegte, wie die meisten der anderen Fahrgäste auch.

Gegen sieben Uhr am Morgen erreichten wir Nürnberg. Die Zugfahrt nach Rudolstadt erschien uns unendlich lang und wir freuten uns sehr auf unsere bequemen Betten daheim.

Wir hatten so viel erlebt und gesehen in diesen drei Wochen und nun waren wir wieder zu Hause, in einer vorerst scheinbar fremden Welt. Der Tagesablauf war ein total ungewohnter und das Eingliedern in die eingefahrenen Abläufe fiel nicht leicht. Bisher bestanden unsere Aufgaben aus der Suche nach Unterkünften, Beschaffung von Vorräten und Laufen, laufen, laufen …. So viele Dinge um uns herum, welche wir in dieser Zeit nicht benötigt hatten. Uns war wieder einmal bewusst geworden, in welchem Luxus und Überfluss wir eigentlich lebten. Der Alltag hatte uns wieder, aber auch unsere Familien und Freunde. Und das war gut so.

Doch wann würden wir unsere Rucksäcke für die nächste Pilgerreise packen dürfen?

Nachwort

Natürlich wird unsere Pilgerreise weitergehen und wir werden uns beim nächsten Mal wieder ein Stückchen weiter Santiago de Compostela nähern.
Wie schon einmal erwähnt, haben wir beide nicht das Bestreben, so schnell wie möglich jenes Ziel in Spanien zu erreichen. Wir lassen uns Zeit, um soviel wie möglich von Land und Leuten kennenzulernen. Natürlich sind wir auch neugierig auf Santiago de Compostela und Finisterre, doch unser eigentliches Ziel ist der Weg an sich.
Mittlerweile bin ich vierfache Oma, mein Orientierungssinn hat sich auch mit den Jahren leider nicht weiterentwickelt und noch immer habe ich einen Heidenrespekt vor Saumpfaden und Abbruchkanten. Doch bin ich mit der Zeit auch ein wenig gelassener geworden. Vielleicht ja ein Nebeneffekt des Pilgerns.

Weiterhin besteht vorherrschendes Fußproblem, was zahlreiche, oft unbefriedigende Arztbesuche nach sich zog.
»Sie müssen abnehmen, Ihre Füße werden zu sehr belastet!« oder »Ich verschreibe Ihnen Krankengymnastik und wenn dann auch noch ein paar Kilos verschwinden, ist das doch ein toller Nebeneffekt, oder?«
»Ja, aber ich bewege mich doch viel, mache Gymnastik und laufe regelmäßig …..«, stammele ich dann aufgeregt.
»Natürlich, aber auch mal ein paar Kilometer am Stück, versuchen Sie es einfach!«, werde ich unterbrochen. Ungläubig schauend, fehlen mir die Worte.
Zahlreiche Fragen und Maßregelungen wurden in den Raum gestellt, wie zum Beispiel:

»Wissen Sie denn, was Ballaststoffe sind?«

»Alle sagen immer, dass sie sich normal ernähren und bewegen, wenn es nur wirklich so wäre!

»Hier ist ein Ernährungsplan und machen Sie Fußgymnastik, Sie werden sehen, es hilft.«

Natürlich!

Jenen Ernährungsplan legte ich ohne Worte auf den Schreibtisch des Arztes zurück und verließ den Raum.

Mittlerweile stehe ich auch diesen Dingen gelassener gegenüber, bewege mich nach wie vor gerne in der Natur und hoffe darauf, dass die anstehende Fuß-OP mir Besserung beschert.

Das Schreiben hat sich zu einem geliebten Steckenpferd entwickelt, welches ich nicht mehr missen möchte. Es ist so toll, bei einer Tasse Kaffee sitzend, Gedanken und Erlebnisse niederzuschreiben und völlig einzutauchen in die jeweilige Geschichte.

Begriffserklärungen

Berge

Zwischen ihnen und mir besteht eine Art Hassliebe. Ist man erst einmal oben, schweißgebadet und nach Luft hechelnd, kann man tolle Ausblicke genießen, sofern man sicheren Stand hat. Die Besteigung ist meist sehr kräftezehrend. Berge sind beeindruckend, steil, manchmal gefährlich, respekteinflößend, interessant und vor allem hoch. Sie verleihen den Landschaften einen ganz besonderen Charakter.

Doch leider besitzen viele Berge auch Saumpfade und Abbruchkanten, von denen aus man manchmal aus schwindelerregender Höhe in die Tiefe schauen muss.

Camisarden

Das ist der französische Begriff für Protestanten, die um das 16.Jahrhundert herum und lange Zeit danach versteckt in den Cévennen lebten und sich der Abgabe der damals üblichen Kopfsteuer widersetzten. Dies geschah meist bewaffnet und während der Nacht. Es folgten zahlreiche Kriege und Aufstände. Damit man die Camisarden nicht erkannte, trugen sie hemdähnliche Gewänder, woher auch der Name stammt. Camisarde wird von *camise* oder *chemise* abgeleitet, was *Hemd* oder *Bluse* bedeutet.

Cévennen

Die Cévennen befinden sich im südlichen Teil des französischen Zentralmassivs. Dieses durch mächtige Erhebungen, tiefe Täler, Steilhänge, bewaldete Hügelketten und weite Hochebenen geprägte Gebirge ist von äußerst rauem Charakter. Im Jahre 1970 wurde ein Teil der Cévennen als Nationalpark erklärt, dessen Verwaltungssitz sich in Florac befindet.

Die Cévennen zählen zu einem der wildesten und ursprünglichsten Gebiete Europas, wo aus Gebirgsbächlein tobende Flüsse werden können und harmlos wirkende Erhebungen unbezwingbar scheinen. Mit 1.699 ist der Mont Lozère der höchste Gipfel der Cévennen. Dies hier ist nur kleiner Einblick, denn über dieses Landschaftsgebiet gibt es noch so viel mehr zu berichten.

Etagenbetten

Fast jeder kennt Doppelstockbetten. Früher wurden sie oft in Kinderzimmern aufgestellt, um den wenigen Platz zu nutzen, doch auch heute findet man sie noch, weil sie einfach praktisch sind. Oftmals zum Beispiel in Jugendherbergen oder Pilgerunterkünften. In letzteren gibt es auch Betten mit drei oder gar vier Etagen!!! Für mich persönlich eine schreckliche Vorstellung, denn bereits mit der zweiten Etage habe ich ein großes Problem. Mit meinen »speziellen« Füßen fällt es mir schwer, diese steilen und schmalsprossigen Leitern zu erklimmen und erstmal oben, habe ich Angst, herauszufallen. Keine Ahnung, was in dieser Richtung beim Pilgern noch so auf mich zukommt.

Familie

Es ist natürlich schön wenn die Familie in allen Dingen hinter einem steht. Das betrifft auch das Pilgern, was nicht heißt, dass alle verstehen müssen, warum man das tut. Ich versuche, während so einer Pilgerreise regelmäßigen Kontakt zu meiner Familie zu pflegen. Für mich persönlich ist dies eine wichtige Grundlage, um entspannt pilgern zu können.

Das kann man natürlich individuell halten, wie man möchte, denn andere Menschen wieder bekommen ihren Kopf nur dann frei, wenn sie für eine Zeit alle gewohnten Kontakte, einschließlich Familie, hinter sich lassen.

Mitpilger

Ist man auf Jakobswegen zugange, dann trifft man sie zweifelsohne. Die meisten sind freundlich und gleichgesinnt sowieso, was blindes Verstehen nach sich zieht. Doch gibt es auch Zeitgenossen auf dem Jakobsweg, mit denen man einfach nichts zu tun haben möchte, hierfür setzt jeder seine eigenen Prioritäten.

Hat man einmal nette Mitpilger getroffen, sollte man auf jeden Fall Kontaktdaten austauschen.

Dies versäumten wir öfter und hörten von vielen unserer Pilgerkameraden leider nie wieder etwas. Jack, Nadine und die»Schnattrige«, von denen ich im ersten Buch berichtete, wollten Fotos schicken, was nicht geschah, da möglicherweise Daten unvollständig notiert wurden. Alle Versuche, sie ausfindig zu machen, scheiterten.

Zu Notker aus der Schweiz pflegen wir noch immer ein sehr freundschaftliches Verhältnis, verbunden mit gegenseitigen Besuchen.

Mit den Richouds sowie den Renées, ehemaligen Gastgebern, stehen wir in regelmäßigem und nettem Briefkontakt.

Wirklich sehr bedauern wir, dass wir Marylou niemals wiedersahen.

Jedes Mal machen wir die gleichen Fehler und vergessen im entscheidenden Augenblick, Adressen oder Telefonnummern zu tauschen. Jedoch gebe ich die Hoffnung nicht auf, den einen oder anderen irgendwann »wiederzufinden«.

Menschen

Ich mag Menschen. Sie sind so vielseitig und man kann unwahrscheinlich viel aus ihnen herauslesen, wenn man sie beobachtet.

Das heißt natürlich nicht, dass ich hinterm Fenster stehe und mit dem Fernglas in fremde Wohnungen schaue. Nein, im Alltag, in Bus und Bahn, auf der Straße, in Cafés, überall um mich herum ... Und das auch nur, wenn ich Zeit und Muse habe. Das ist manchmal so inspirierend, dass die eine oder andere Geschichte in meinem Kopf entsteht.

Pilgern allgemein

Das bedeutet, zu Fuß und nur mit den nötigsten Dingen im Rucksack unterwegs zu sein. Pilgerreisen haben meist ein bestimmtes Ziel, wie beispielsweise Santiago de Compostela oder Rom. Schon in frühen Zeiten des

Mittelalters machten sich die Menschen unter schwierigen Umständen auf den Weg, um auf diese Weise heilige Stätten aufzusuchen, um für sich und ihre Familien zu beten …

Damals mussten die Pilger den gesamten Weg auch wieder zurücklaufen, denn moderne Verkehrsmittel gab es nicht.

Heute pilgern die Menschen aus unterschiedlichsten Gründen, doch eines wollen die meisten – entschleunigen und abschalten vom Alltag. Ein großes und wichtiges Thema der heutigen Zeit.

Pilgerliteratur

Wichtig ist es, einen guten Pilgerführer zu besitzen. Es gibt mehrere Anbieter, die auch fast alle Pilgerwege vorstellen. Man muss einfach sehen, mit welchem man am besten zurechtkommt und auf welche Informationen man selbst am meisten Wert legt. Vor dem Kauf am besten vergleichen.

Ebenfalls wichtig ist entsprechendes Kartenmaterial.

Daheim haben wir ein großes Regal ausschließlich nur mit Pilgerliteratur wie Landkarten, Reisebeschreibungen, Dokumentationen und nicht zuletzt authentische Pilgerromane. Davon gibt es wirklich sehr viele und mit diesem Buch ist es wieder einer mehr.

Doch ein großer Teil beschreibt die Hauptroute, den *Camino Francés*, also die letzten 800 Kilometer von der französisch/spanische Grenze bis nach Santiago de Compostela. Von den übrigen vielen Jakobswegen ist die Auswahl an Literatur erheblich geringer, was für mich unter anderem ein Grund war, Informationen und Erfahrungen durch meine Bücher weiterzugeben.

Pilgerverrichtungen

So nennen wir die Dinge die sich nach dem Ankommen in der Herberge oder sonstiger Unterkunft abspielen. Dabei handelt es sich um Körperpflege, Wäschewaschen, Behandlung und Verarzten der Füße sowie das Herrichten des Schlaflagers. Dabei setzt jeder Pilger seine Prioritäten sicher etwas anders.

Robert Louis Stevenson

Er wurde am 13.November 1850 in Edinburgh als Sohn eines Ingenieurs und Leuchtturmbauers geboren, konnte aber diesen, in der Familie traditionellen Beruf nicht ergreifen aufgrund einer Lungenerkrankung. Er studierte Jura, doch seine eigentliche Leidenschaft war das Schreiben, deshalb verdiente er sich seinen Lebensunterhalt als Schriftsteller. Aus gesundheitlichen Gründen, er litt an einer Tuberkulose, verschlug es ihn auf seinen Reisen oft in die Südsee. Robert Louis Stevenson starb am 3.Dezember 1894 im Alter von 44 Jahren in seinem Haus auf Samoa.

Er hinterließ der Welt viele literarische Werke, unter anderem die beiden Klassiker »Die Schatzinsel« und »Der seltsame Fall des Dr.Jekyll und Mr.Hyde«. Sein Buch »Reise mit dem Esel durch die Cévennen« erschien im Jahre 1879.

Rucksackinhalt

Jeder, der schon einmal gepilgert ist oder auch anderweitig mit dem Rucksack unterwegs war, weiß, dass man sich genau überlegen muss, was man einpackt. Der Rucksack sollte nicht zu schwer sein, man sagt, so maximal zwischen acht und zehn Kilogramm. Aber das ist individuell. Wechselkleidung sollte leicht und schnell trocknend sein, auch etwas Warmes wie etwa eine Fleecejacke ist sinnvoll. Doch nicht zuviel, denn man kann ja waschen. Ansonsten von allem Kleinstabpackungen und am besten nachfüllbar. Auch hier setzt wieder jeder seine eigenen Prioritäten. Schlafsack, Sonnenschutz und Co sind logisch, Packlisten und Vorschläge sind unter anderem in jedem Pilgerführer nachlesbar.

In meinen Rucksack kommt beispielsweise nie wieder Blasenpflaster. Wechselschuhe, Hirschtalg, Notizbuch und Kugelschreiber sind hingegen für mich ein Muss.

Sommelier

Diesen Begriff lasen wir öfter auf den Etiketten ganz hervorragend schmeckender Rotweine, die wir auch nur in südfranzösischen Läden fanden. Sie wurden zu unseren Lieblingsweinsorten.

Eigentlich aber ist Sommelier ein Begriff aus der Gastronomie und bezeichnet unter anderem den für Getränke zuständigen Kellner.

Stevensonweg
Auch als GR70 bezeichnet, was übersetzt bedeutet *Grande Randonée(Großer Wanderweg)*.

Der Stevensonweg wird nach dem schottischen Schriftsteller Robert Louis Stevenson benannt, der ihn im Jahre 1878 zusammen mit einer Eselin beging und diesen Reisebericht ein Jahr später als Buch veröffentlichte.

Der Weg führt mitten durch die gewaltigen Cévennen und bezeichnet den Abschnitt von Le Monastier sur Gazeille bis nach Saint Jean-du-Gard.

Unterkünfte auf französischen Wegen

– Gîte
Dabei handelt es sich um eine Pilgerherberge

– Chambres d'hotes
Das ist eine Schlafgelegenheit, meist ein Zimmer bei Privatpersonen, wobei der Preis festgelegt ist. Die Teilnahme an gemeinsamen Mahlzeiten ist möglich.

– Accueil jaquaire
Hier ist man ebenfalls privat untergebracht und hat auch meist ein eigenes Zimmer zum Schlafen. Ansonsten nimmt man einschließlich Mahlzeiten am Familienleben teil. Das heißt, man sitzt beisammen, wird voll verköstigt und verbringt meist auch den restlichen Abend gemeinsam. Hier ist kein Preis festgelegt, man gibt einfach soviel, wie einem der Aufenthalt wert war.

Diese Art von Unterkünften findet man reichlich auf der *Via Gebenensis.*

– l'hôtel
Meist handelt es sich hierbei um kleinere, einfache Hotels. Doch manchmal kommt man auch in die Verlegenheit, auf eine kostspieligere Variante ausweichen zu müssen, was zwar nicht dem Sinn des Pilgerns entspricht, doch manchmal unvermeidbar ist aufgrund des Mangels an Unterkünften in manchen Orten. Dies sollte man bei der Planung einer Pilgerreise mit beachten.

Verpflegung
Im Normalfall trägt man als Pilger nur so viel Proviant mit sich herum, dass es für einen Tag und den nächsten Morgen reicht. Viel mehr gibt ja der Platz im Rucksack oftmals nicht her und zu viele Vorräte würden ihn auch viel zu schwer machen.

Es sei denn, man ist in Gegenden unterwegs, wo es nur sehr wenige Einkaufsmöglichkeiten gibt. Auch dies sollte man im Vorfeld bedenken und sich darauf einstellen, wie auch auf die Ladenöffnungszeiten. Viele kleine Geschäfte schließen mittags.

Kleines französisches-deutsches Wörterbuch

bonjour	–	Guten Tag
salut	–	Hallo
au revoir	–	Auf Wiedersehen
merci	–	Danke
s'il vous plaît	–	Bitte
pardon	–	Entschuldigung
Ca va?	–	Wie geht's?
Bonne chance!	–	Viel Glück!
Enchanté!	–	Angenehm!
À bientôt	–	Bis bald
boulangerie	–	Bäckerei
épicerie	–	Lebensmittelgeschäft
château	–	Schloss
chemin	–	Weg
mairie	–	Rathaus
office de tourisme	–	Tourismusbüro
fermé	–	geschlossen
ouvert	–	geöffnet
pèlerin	–	Pilger
eau non potable	–	kein Trinkwasser
eau potable	–	Trinkwasser
Je cherche …	–	Ich suche …
Où est … ?	–	Wo ist …?

Dank

Als Erstes möchte ich den Mitarbeitern vom Self-Publishing-Verlag Twentysix danken, die mir auch diesmal wieder sehr geholfen haben bei der Fertigstellung meines Buches und vor allem viel Geduld entgegenbrachten. Ich weiß, dass ich manchmal echt nervig sein kann.

Danke Jens! Ohne einen treuen Gefährten an meiner Seite wie dich wäre in jeglicher Hinsicht keines meiner Bücher zustande gekommen. Danke auch fürs Korrekturlesen und alle unterstützenden Zuarbeiten.

Danke an meine Familie, dass ihr für mich da seid und mich ständig neu inspiriert. Ich freue mich, dass ihr Interesse und Verständnis aufbringt für meine speziellen Freizeitaktivitäten.

Mein Dank gilt all jenen, die mich so toll, schon auch beim ersten Buch, unterstützt haben. Sei es für das Verteilen von Flyern, fürs Mut machen, Hinterfragen, Kritisieren und vieler anderer kleiner Dinge.

Danke an alle unsere Freunde, einfach dafür dass Ihr unsere Freunde seid und wir ab und zu gemeinsam dem Alltag entfliehen dürfen.

Auch möchte ich mich bei Karin und Lothar Müller bedanken, die mit viel Geduld und Aufwand unsere Unterkunft im Kloster Notre-Dame-de-Neiges organisiert haben. Sie waren unter anderem die ersten Leser meines ersten Buches und haben mir durch die positive Rückmeldung Mut gemacht für das nächste.

Zuletzt ein Dankeschön an alle, die auch dieses Buch lesen und sich mit mir abermals auf die Reise begeben.

Bis bald!

Kathrin Renner